Caderno do Futuro
A evolução do caderno

CIÊNCIAS

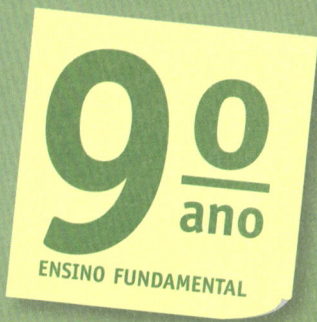

9º ano
ENSINO FUNDAMENTAL

3ª edição
São Paulo – 2013

Coleção Caderno do Futuro
Ciências
© IBEP, 2013

Diretor superintendente	Jorge Yunes
Gerente editorial	Célia de Assis
Revisão técnica	Sonia Bonduki
Assistente editorial	Érika Domingues do Nascimento
Revisão	Luiz Gustavo Bazana
	Maria Inez de Souza
Coordenadora de arte	Karina Monteiro
Assistente de arte	Marilia Vilela
	Nane Carvalho
	Carla Almeida Freire
Coordenadora de iconografia	Maria do Céu Pires Passuello
Assistente de iconografia	Adriana Neves
	Wilson de Castilho
Ilustrações	Cícero Soares
	Luis Moura
Produção gráfica	José Antônio Ferraz
Assistente de produção gráfica	Eliane M. M. Ferreira
Projeto gráfico	Departamento de Arte Ibep
Capa	Departamento de Arte Ibep
Editoração eletrônica	N-Publicações

CIP-BRASIL. CATALOGAÇÃO-NA-FONTE
SINDICATO NACIONAL DOS EDITORES DE LIVROS, RJ

F742c
3. ed.

Fonseca, Albino, 1931-
  Ciências, 9º ano / Albino Fonseca. - 3. ed. - São Paulo : IBEP, 2013.
    il. ; 28 cm   (Caderno do futuro)

  ISBN 978-85-342-3555-6 (aluno) - 978-85-342-3559-4 (mestre)

  1. Ciências (Ensino fundamental) - Estudo e ensino. I. Título. II. Série.

12-8674.   CDD: 372.35
                                            CDU: 373.3.016:5

27.11.12   30.11.12   041051

3ª edição – São Paulo – 2013
Todos os direitos reservados.

Av. Alexandre Mackenzie, 619 – Jaguaré
São Paulo – SP – 05322-000 – Brasil – Tel.: (11) 2799-7799
www.editoraibep.com.br editoras@ibep-nacional.com.br

Impressão e acabamento: Cipola - Dez/2017

SUMÁRIO

INTRODUÇÃO

1. A matéria ....
2. Os estados físicos da matéria ....
3. As propriedades da matéria 1

QUÍMICA

4. A estrutura da matéria 1
5. Os elementos químicos..............................1
6. As ligações entre os átomos......................2
7. As substâncias e sua representação..........2
8. Misturas e combinações 3
9. Ácidos...3
10. Bases...4
11. Sais..4
12. Óxidos..4
13. As reações químicas..................................4
14. As leis das reações químicas.....................4

FÍSICA

15. Apresentação..5
16. Movimento uniforme..................................5
17. Movimento uniformemente variado 5
18. As forças em Mecânica..............................6
19. As leis da Dinâmica....................................6
20. Massa e peso – Gravitação Universal 6
21. Centro de gravidade e atrito 6
22. Trabalho, potência e energia 7
23. Máquinas simples 7
24. A temperatura...8
25. O calor..8
26. Ondas...8
27. O som...9
28. Noções de Óptica – a reflexão da luz........9
29. A refração da luz – as cores e a visão no ser humano..9
30. Os princípios do Magnetismo 10
31. Noções básicas de Eletricidade 10
32. A corrente elétrica..................................10

ESCOLA

NOME

PROFESSOR

HORA	SEGUNDA	TERÇA	QUARTA	QUINTA	SEXTA	SÁBADO

PROVAS E TRABALHOS

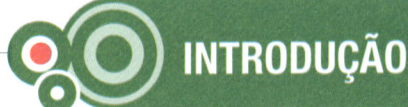

INTRODUÇÃO

1. A matéria

Fenômeno: qualquer transformação que ocorre na natureza. Para estudá-lo, experimenta-se, fazem-se observações, interpretam-se os resultados e tiram-se conclusões.

Fenômeno
- **físico**: não altera a estrutura da matéria.
- **químico**: altera a estrutura da matéria.

AbleStock

Fotos fora de escala.

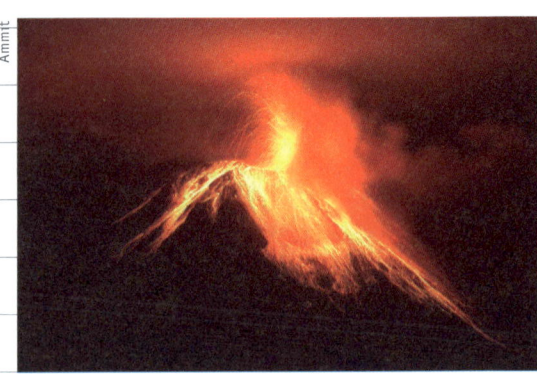

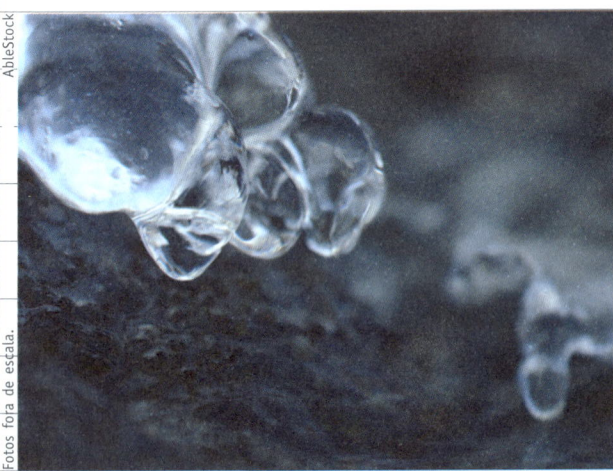

Fenômeno físico: a água sólida (gelo) se transforma em água líquida.

Pedro Nogueira

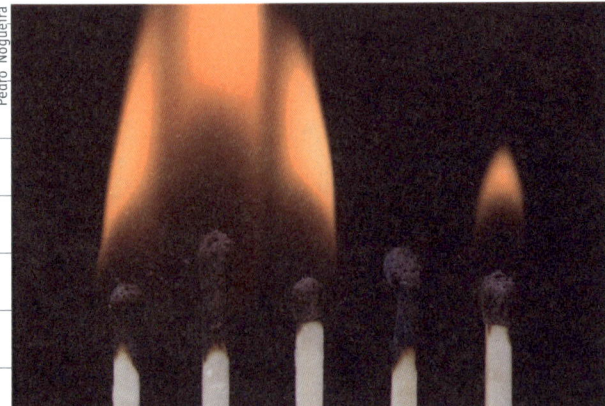

Fenômeno químico: o fósforo queima e produz gás carbônico e energia.

Matéria: tudo o que possui **massa** e ocupa lugar no espaço.

Corpo: toda porção limitada de matéria.

Extensão: espaço ocupado pela matéria. Sua medida é o **volume**.

Substância: espécie de matéria que se distingue por suas qualidades.

Ammit

Vulcão Tungurahua no Equador.

1. Uma erupção vulcânica pode ser considerada um fenômeno? Por quê?

2. O atrito de dois corpos produzindo calor é um fenômeno físico ou químico? Por quê?

3. A produção do vinho a partir do suco de uva é um fenômeno físico ou químico? Por quê?

4. Qual é o procedimento do cientista ao estudar fenômenos físicos e fenômenos químicos?

5. O que é matéria? Dê exemplos.

6. O que é corpo? Dê exemplos.

7. Como se denomina o espaço ocupado pela matéria? E sua medida?

8. O que são substâncias? Dê exemplos.

ANOTAÇÕES

2. Os estados físicos da matéria

Características dos estados

a) **Sólido**: forma e volume constantes (partículas bem próximas umas das outras). Existe uma força de atração entre as partículas de um sólido, fazendo que ele tenha forma fixa.

b) **Líquido**: volume constante e forma variável (partículas mais afastadas umas das outras). Um líquido flui e fica da forma do recipiente que o contém.

c) **Gasoso**: forma e volume variáveis (as partículas ficam bem afastadas umas das outras). Os gases expandem-se ocupando todo o volume do recipiente que os contém.

Mudanças de estado físico

Pressão e temperatura são fatores determinantes para as mudanças de estado físico.

a) **Fusão**: passagem de sólido para líquido, com aumento de temperatura ou diminuição de pressão. Ocorre a determinada temperatura (ponto de fusão), que permanece constante durante o processo. Com o aumento da pressão, o ponto de fusão fica mais alto.

b) **Solidificação**: passagem de líquido para sólido, com aumento de pressão ou diminuição de temperatura. Ocorre a uma determinada temperatura (ponto de solidificação), que permanece constante.

c) **Vaporização**: passagem de líquido para gasoso, com aumento de temperatura ou diminuição de pressão.

Tipos:
- evaporação (processo lento na temperatura ambiente);
- ebulição (processo rápido, com formação de bolhas gasosas na massa líquida);
- calefação (líquido em presença de superfície superaquecida).

d) **Condensação** (ou liquefação): passagem de gasoso para líquido, com aumento de pressão ou diminuição de temperatura. Ocorre a uma determinada temperatura (ponto de condensação), que permanece constante.

e) **Sublimação**: passagem de sólido diretamente para gasoso e vice-versa.

Lembre que:

- **Ponto de ebulição** é a temperatura em que ocorre a ebulição (ela é constante durante o processo). O ponto de ebulição aumenta com o aumento da pressão.

- A **evaporação** da água é tanto mais rápida quanto maior a superfície, maior a ação dos ventos e menor a umidade relativa do ar.

- A evaporação da água produz um gás invisível, que é o vapor de água.

- O ponto de ebulição da água, nas condições normais de pressão (ao nível do mar), é **100 °C**.

- O ponto de fusão do gelo, nas condições normais de pressão, é **0 °C**.

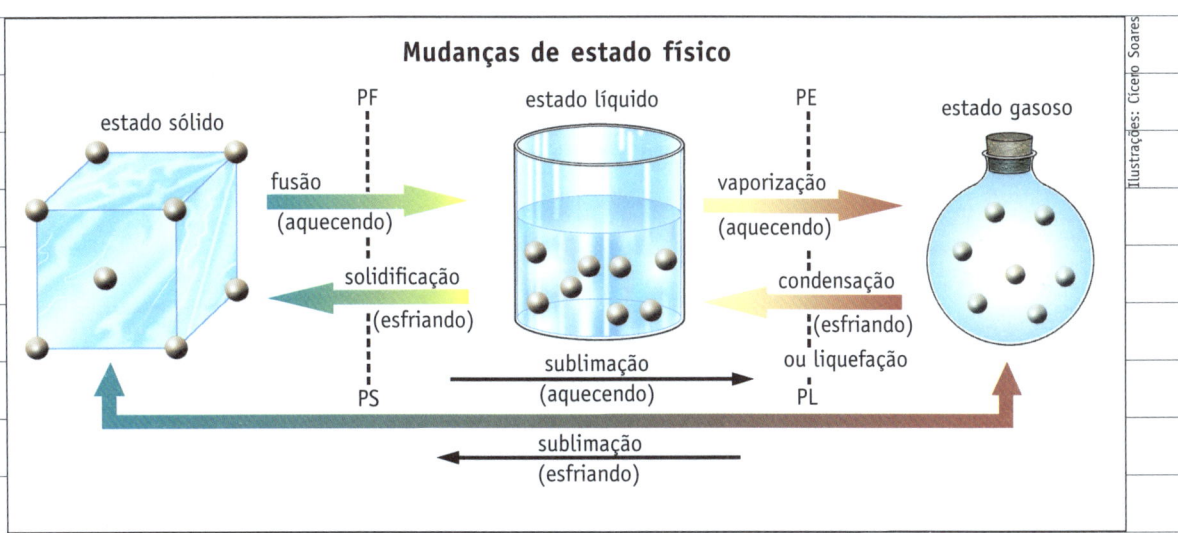

1. Complete o quadro.

ESTADOS FÍSICOS	FORMA	VOLUME
Sólido		
Líquido		
Gasoso		

2. Qual é o fator determinante dos três estados físicos da matéria?

3. A matéria pode mudar de um estado físico para outro. Quais são os fatores responsáveis por isso?

4. Quais são as mudanças de estado experimentadas pela matéria?

5. O que é fusão? O que é necessário para que ela se realize?

6. O que é ponto de fusão?

7. O que acontece com a temperatura durante a fusão?

8. Qual é a consequência do aumento da pressão durante a fusão? Por quê?

9. O que é solidificação? O que é necessário para que ela se realize?

10. O que acontece com a temperatura durante a solidificação?

11. O que é vaporização? Que condições são necessárias para que ela ocorra?

12. Que tipo de vaporização acontece na água, quando sobre ela incidem os raios solares?

13. Quais são os fatores que interferem na evaporação? De que maneira se dá essa interferência?

14. O que é ebulição?

15. O que é ponto de ebulição?

16. O que acontece com o ponto de ebulição quando a pressão atmosférica diminui?

17. O que acontece com a temperatura durante a ebulição?

18. O que é calefação?

19. Algumas roupas molhadas foram penduradas em um quintal. Depois de algumas horas, elas já estavam secas. Que mudança de estado ocorreu? Por quê?

20. Por que em um planalto a água ferve a uma temperatura mais baixa do que à beira-mar?

21. Escreva, nos quadros do esquema a seguir, os nomes das mudanças de estado.

22. Assinale a alternativa correta.

a) A mudança do estado sólido para o estado líquido denomina-se:
( ) solidificação.
( ) sublimação.
( ) fusão.
( ) ebulição.

b) Para ocorrer a ebulição, deve haver:
( ) diminuição da temperatura e diminuição da pressão.
( ) aumento da temperatura e aumento da pressão.
( ) diminuição da temperatura e aumento da pressão.
( ) aumento da temperatura e diminuição da pressão.

c) A mudança do estado sólido para o estado gasoso denomina-se:
( ) calefação.
( ) evaporação.
( ) sublimação.
( ) condensação.

d) A vaporização rápida com formação de bolhas gasosas no líquido chama-se:
( ) ebulição.
( ) condensação.
( ) evaporação.
( ) sublimação.

e) Dificulta a evaporação:
( ) a ação dos ventos.
( ) o aumento da temperatura.
( ) o aumento da superfície de evaporação.
( ) o aumento da umidade relativa do ar.

23. Assinale **certo** (C) ou **errado** (E) e justifique a(s) afirmativa(s) errada(s).

a) Temperatura de fusão é a temperatura na qual a substância passa do estado líquido para o estado sólido. ( )

b) Cada substância tem um ponto de ebulição. ( )

c) Condensação é a mudança de estado da matéria de gasoso para líquido. ( )

Justificativa(s):

3. As propriedades da matéria

Propriedades da matéria

Gerais: referem-se a toda e qualquer espécie de matéria.

Específicas: caracterizam cada substância.

Propriedades gerais

a) **Extensão:** a matéria ocupa lugar no espaço. Sua medida é o **volume**, e suas unidades de medida são o metro cúbico (m³), o centímetro cúbico (cm³) etc.

b) **Massa:** quantidade de matéria contida nos corpos. Pode ser medida em balanças. Suas unidades de medida são o quilograma (kg), o grama (g) etc.

c) **Inércia:** propriedade pela qual a matéria só modifica seu estado de repouso ou de movimento quando sob a ação de forças. Sua medida é a **massa**. Quanto maior a massa de um corpo, maior a sua inércia.

d) **Impenetrabilidade:** duas porções de matéria não podem ocupar, ao mesmo tempo, o mesmo lugar no espaço.

e) **Divisibilidade:** a matéria pode ser subdividida até certo limite, conservando as propriedades da substância.

f) **Indestrutibilidade:** a matéria não é criada nem destruída, mas pode ser transformada.

g) **Compressibilidade:** a matéria pode ser reduzida em seu volume por ação de pressão.

h) **Elasticidade:** a matéria comprimida volta às condições primitivas quando cessa a pressão atuante sobre ela.

Propriedades específicas

a) **Físicas**
- **Calor específico:** quantidade de calor necessária para elevar de 1 °C a temperatura de 1 g da substância.
- **Densidade:** relação entre massa e volume de uma substância:

$$d = \frac{m}{v}$$

- **Solubilidade:** propriedade pela qual uma substância (soluto) se dissolve na massa de outra (solvente).
- **Dureza:** resistência que as substâncias oferecem ao risco.

b) **Químicas:** transformações que as substâncias sofrem na sua estrutura durante as combustões, oxidações etc.

c) **Organolépticas:** características da matéria percebidas pelos órgãos de sentido como a cor, o brilho (só podem ser percebidas com a presença da luz), o odor, o sabor, a aspereza etc.

Exemplo de dureza: o material da lousa é mais duro do que o material do giz.

> **Atenção:**
>
> As propriedades organolépticas podem facilitar a identificação de substâncias. No entanto, lembre-se que não se deve cheirar ou provar substâncias desconhecidas ou conhecidas, que já se sabe, podem fazer mal à saúde.

1. Qual é a diferença entre as propriedades gerais e as propriedades específicas da matéria?

2. O que é extensão? Qual é a sua medida?

3. O que é massa? Como pode ser medida? Quais são as suas unidades de medida?

4. O que você entende por inércia?

5. Quando uma pessoa entra numa banheira totalmente cheia, parte da água transborda. Por quê?

6. "A matéria, quando pressionada, sofre redução em seu volume e, livre da pressão, aumenta de volume, voltando ao estado primitivo." Que propriedades da matéria estão contidas nessa frase?

7. Explique a relação entre as propriedades de massa e de inércia.

8. Relacione corretamente.
   (A) compressibilidade
   (B) massa
   (C) impenetrabilidade
   (D) inércia
   (E) extensão

   (   ) A matéria ocupa lugar no espaço.

   (   ) Duas porções de matéria não podem, ao mesmo tempo, ocupar o mesmo lugar no espaço.

   (   ) Quantidade de matéria de um corpo.

   (   ) A matéria só modifica seu estado de repouso ou de movimento quando sob a ação de forças.

   (   ) Sob a ação de forças a matéria reduz o volume.

9. O que são propriedades específicas da matéria? Como podem ser?

10. O que é calor específico de uma substância?

11. O que é densidade de uma substância?

12. Um fragmento de gelo de 250 g tem volume correspondente a 500 cm³. Qual é a sua densidade?

13. A densidade de um fragmento de chumbo é 11,4 g/cm³. Sabendo que esse fragmento de metal ocupa um volume de 57 cm³, qual é a sua massa?

14. Complete as seguintes frases.

a) As propriedades da matéria podem ser _____ e _____.

b) Propriedades _____ são as que se referem a toda e qualquer espécie de matéria.

c) Propriedades _____ são as que caracterizam cada substância.

d) As propriedades específicas podem ser: _____, _____ e _____.

e) As propriedades _____ não dizem respeito a qualquer alteração na estrutura das substâncias, o que é atributo das propriedades _____.

15. Relacione corretamente.

(A) insípida
(B) soluto
(C) densidade
(D) ponto de ebulição
(E) organolépticas

(   ) Propriedades que impressionam os órgãos dos sentidos.
(   ) Temperatura em que uma substância muda do estado líquido para o gasoso.
(   ) Substância que não possui sabor.
(   ) Relação entre massa e volume.
(   ) Substância que se dissolve em outra.

16. "O hidrogênio é um gás incolor, inodoro, mais leve que o ar e altamente explosivo." Que tipo de propriedade da matéria está expressa nessa frase?

17. Assinale a alternativa correta.

a) "A matéria ocupa lugar no espaço." A afirmação refere-se a uma propriedade da matéria chamada:

(   ) impenetrabilidade.
(   ) inércia.
(   ) extensão.
(   ) massa.

b) Quando uma substância desaparece na massa de outra, manifesta a propriedade da:
( ) compressibilidade.
( ) impenetrabilidade.
( ) solubilidade.
( ) inércia.

c) As propriedades que impressionam nossos órgãos dos sentidos chamam-se:
( ) físicas.
( ) gerais.
( ) químicas.
( ) organolépticas.

d) A temperatura durante a qual a substância passa do estado sólido para o estado líquido denomina-se:
( ) calor.
( ) ponto de ebulição.
( ) densidade.
( ) ponto de fusão.

e) Não é propriedade organoléptica:
( ) massa.
( ) cor.
( ) odor.
( ) sabor.

18. Na frase "Se alguma coisa existe, não pode ter surgido do nada, e se a coisa desaparece, não pode resultar em nada.", que propriedade da matéria está sendo ressaltada?

19. O talco é riscado pela calcita e risca a gipsita. Qual a ordem de dureza dessas substâncias?

20. Explique por que não se deve testar as propriedades organolépticas como odor e sabor de uma substância desconhecida.

QUÍMICA

4. A estrutura da matéria

Dalton: primeiro cientista da época moderna a conceber que o átomo é a partícula constituinte de toda espécie de matéria.

Thomson: descobriu os **elétrons**, partículas dos átomos que têm carga elétrica negativa.

Rutherford: descobriu os **prótons**, partículas dos átomos que têm carga elétrica positiva.

Nêutrons: partículas dos átomos que não apresentam carga elétrica.

Modelo atômico segundo Rutherford-Bohr
- **Núcleo** (prótons + nêutrons)
- **Eletrosfera ou coroa** (elétrons)

Massa relativa das partículas atômicas: próton = 1; nêutron = 1; elétron = zero

Carga elétrica das partículas atômicas: próton = +1; elétron = –1

Número atômico (Z): número de prótons do núcleo atômico.

Número de massa (A): número de prótons + número de nêutrons do núcleo atômico.

Lembre que:

- O átomo é um sistema eletronicamente neutro (nº de prótons = nº de elétrons).
- Os elétrons podem distribuir-se em sete camadas ao redor do núcleo: K, L, M, N, O, P, Q.

Camadas	K	L	M	N	O	P	Q
Nº máximo de elétrons	2	8	18	32	32	18	2

- O número de elétrons na última camada não pode passar de 8.

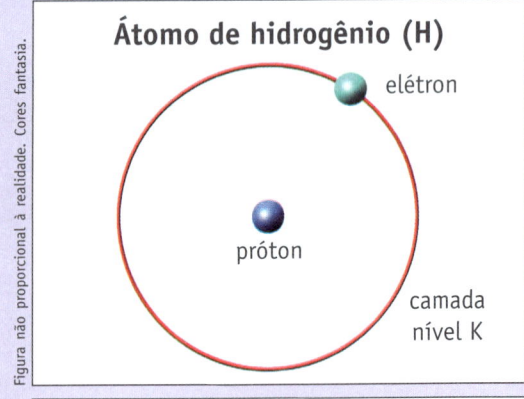

Átomo de hidrogênio (H)

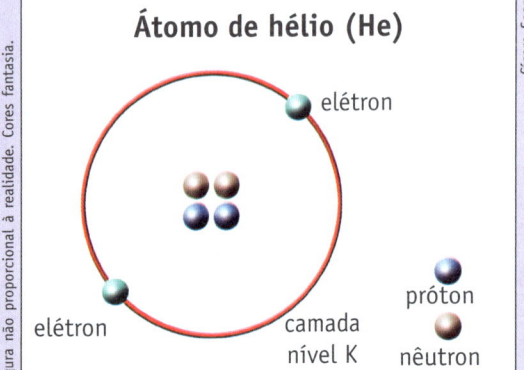

Átomo de hélio (He)

1. Quem propôs, pela primeira vez, cientificamente a estrutura da matéria?

2. A quem se deve a descoberta do elétron?

3. Como é o modelo atômico proposto por Rutherford-Bohr?

4. Por que o átomo é considerado um sistema eletricamente neutro?

5. Um átomo possui 12 prótons, 12 elétrons e 12 nêutrons. Qual é o seu número atômico? Qual é o seu número de massa?

6. O número atômico de um elemento químico é 19. Seu número de massa é 39. Quantos nêutrons há em seus átomos?

7. Complete as seguintes frases.

a) Segundo o modelo de Rutherford-Bohr, o átomo possui uma parte central denominada _____ e uma porção periférica chamada _____.

b) Na eletrosfera, giram _____, partículas eletricamente _____.

c) No núcleo, encontram-se partículas de carga elétrica positiva, denominadas _____, e partículas sem carga elétrica, chamadas _____.

d) O átomo é um sistema eletricamente neutro, pois o número de prótons é _____ ao número de elétrons.

e) O próton e o nêutron têm massas relativas _____, ao passo que a massa do elétron, de tão pequena, pode ser considerada igual a _____.

8. Identifique as partes do átomo.

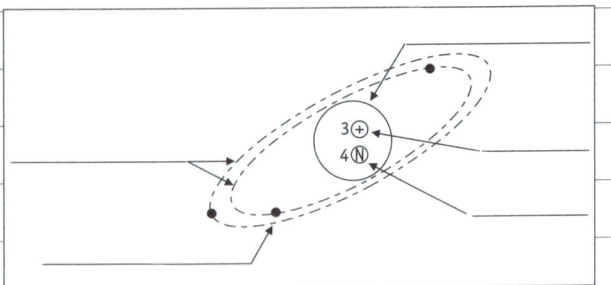

9. Preencha o quadro.

PARTÍCULAS	CARGA ELÉTRICA	MASSA RELATIVA
Próton		
Elétron		
Nêutron		

10. Complete o quadro a seguir com o número máximo de elétrons por camada.

Camadas	K	L	M	N	O	P	Q
Nº máximo de elétrons	2						

11. O átomo do alumínio possui 13 elétrons. No quadro a seguir, distribua esse número.

Camadas	K	L	M	N	O	P	Q
Nº máximo de elétrons							

12. Escreva o número atômico (Z) e o número de massa (A) do átomo abaixo representado.

Z =

A =

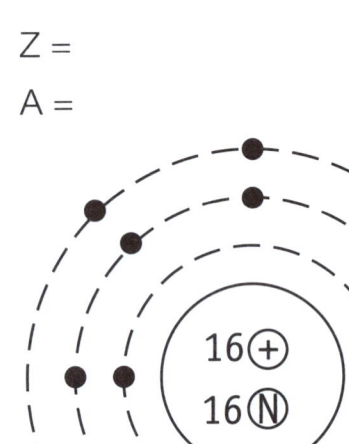

13. O modelo do átomo abaixo representado tem Z = 20 e A = 40. Complete o modelo com o número de partículas correspondentes.

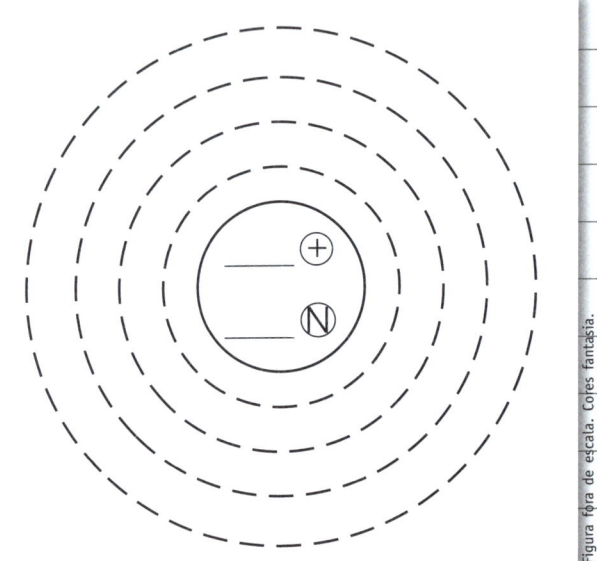

5. Os elementos químicos

Elemento químico: conjunto de átomos que possuem o mesmo número atômico, que conferem as mesmas propriedades químicas.

Representação dos elementos químicos: por meio de letras representativas de seus nomes originalmente em latim. Exemplos:

Símbolo	Nome
H	hidrogênio
O	oxigênio
N	nitrogênio
Co	cobalto
Ba	bário
Bi	bismuto
Mg	magnésio
Mn	manganês
Pt	platina
Sb	antimônio (*stibium*)
Pb	chumbo (*plumbum*)

Símbolo	Nome
Cu	cobre (*cuprum*)
S	enxofre (*sulphur*)
Sn	estanho (*stannum*)
Sr	estrôncio (*strontium*)
P	fósforo (*phosphorus*)
Hg	mercúrio (*hydrargyrum*)
Au	ouro (*aurum*)
K	potássio (*kalium*)
Ag	prata (*argentum*)
Na	sódio (*natrium*)
W	tungstênio (*wolframium*)

Classificação dos elementos químicos

a) **Metais:**
- à temperatura ambiente são sólidos (exceto o mercúrio);
- apresentam superfície brilhante;
- conduzem bem o calor e a eletricidade (exceto o bismuto);
- como possuem 1, 2 ou 3 elétrons na última camada eletrônica, têm tendência a perder elétrons e a ficar eletricamente positivos.

b) **Ametais** (ou não metais): possuem características opostas às dos metais (exceto o enxofre e o fósforo, que são sólidos).

c) **Semimetais:** podem apresentar tanto características dos metais quanto dos não metais.

d) **Gases nobres:** não se combinam entre si nem com outros elementos químicos.
São: hélio (He), neônio (Ne), argônio (Ar), criptônio (Kr), xenônio (Xe) e radônio (Rn).

e) **Hidrogênio:** elemento químico com características diferentes: é o gás mais leve que se conhece; é incolor, inodoro e altamente combustível.
É o elemento mais comum no Universo.

Isótopos: átomos que têm o mesmo número atômico, mas diferentes números de massa. Exemplos: $_8O^{16}$, $_8O^{17}$ e $_8O^{18}$

Isóbaros: átomos que possuem diferentes números atômicos e mesmo número de massa. Exemplos: $_{19}K^{40}$ e $_{20}Ca^{40}$

1. O que é elemento químico?

2. Como são representados os elementos químicos? Exemplifique.

3. Considere a seguinte notação:

$$_{17}X^{35}$$

a) Quantos elétrons têm os átomos desse elemento químico?

b) Quantos nêutrons existem nesses átomos?

4. Como se classificam os elementos químicos?

5. O que são isótopos? Dê um exemplo.

6. O que são isóbaros? Dê um exemplo.

7. Complete as seguintes frases.

a) Elemento químico é um conjunto de _____ que possuem o mesmo _____.

b) É o número de _____ que garante as propriedades químicas dos átomos.

c) A tendência dos metais é a de _____ elétrons e ficar com carga elétrica _____.

d) _____ são átomos que têm o mesmo número atômico, mas diferentes números de massa.

e) Isóbaros são átomos que possuem diferentes _____ e mesmo _____.

8. Associe corretamente a coluna da esquerda, que apresenta símbolos, com a coluna da direita, que apresenta os nomes dos elementos.

(A) S   ( ) prata
(B) Pb   ( ) sódio
(C) Hg   ( ) potássio
(D) P   ( ) enxofre
(E) Na   ( ) chumbo
(F) Ag   ( ) fósforo
(G) K   ( ) mercúrio

9. Represente a notação do elemento químico ferro, sabendo que seu número atômico (Z) é igual a 26 e seu número de massa (A) é igual a 56.

10. Escreva os símbolos dos seguintes elementos químicos.

Nitrogênio: Cobalto:

Manganês: Estrôncio:

Estanho: Bário:

11. Escreva os nomes dos elementos químicos cujos símbolos estão abaixo representados.

Au:

Sb:

Bi:

W:

Pt:

Mg:

12. Cite as propriedades dos metais.

13. Por que o enxofre e o fósforo não são classificados como metais?

14. Determinado elemento químico não conduz calor nem eletricidade, sendo um bom isolante. Além disso, não apresenta superfície brilhante, entre outras características. Como você classificaria esse elemento?

15. Por que os gases nobres receberam esse nome? Quais são eles?

16. Associe corretamente.

(A) isótopos

(B) isóbaros

(C) metais

(D) não metais

(E) elemento químico

(   ) tendência de perder elétrons

(   ) mesmo número atômico e diferentes números de massa

(   ) conjunto de átomos com mesmo número atômico

(   ) mesmo número de massa e diferentes números atômicos

(   ) tendência de receber elétrons

17. Resolva as seguintes palavras cruzadas.

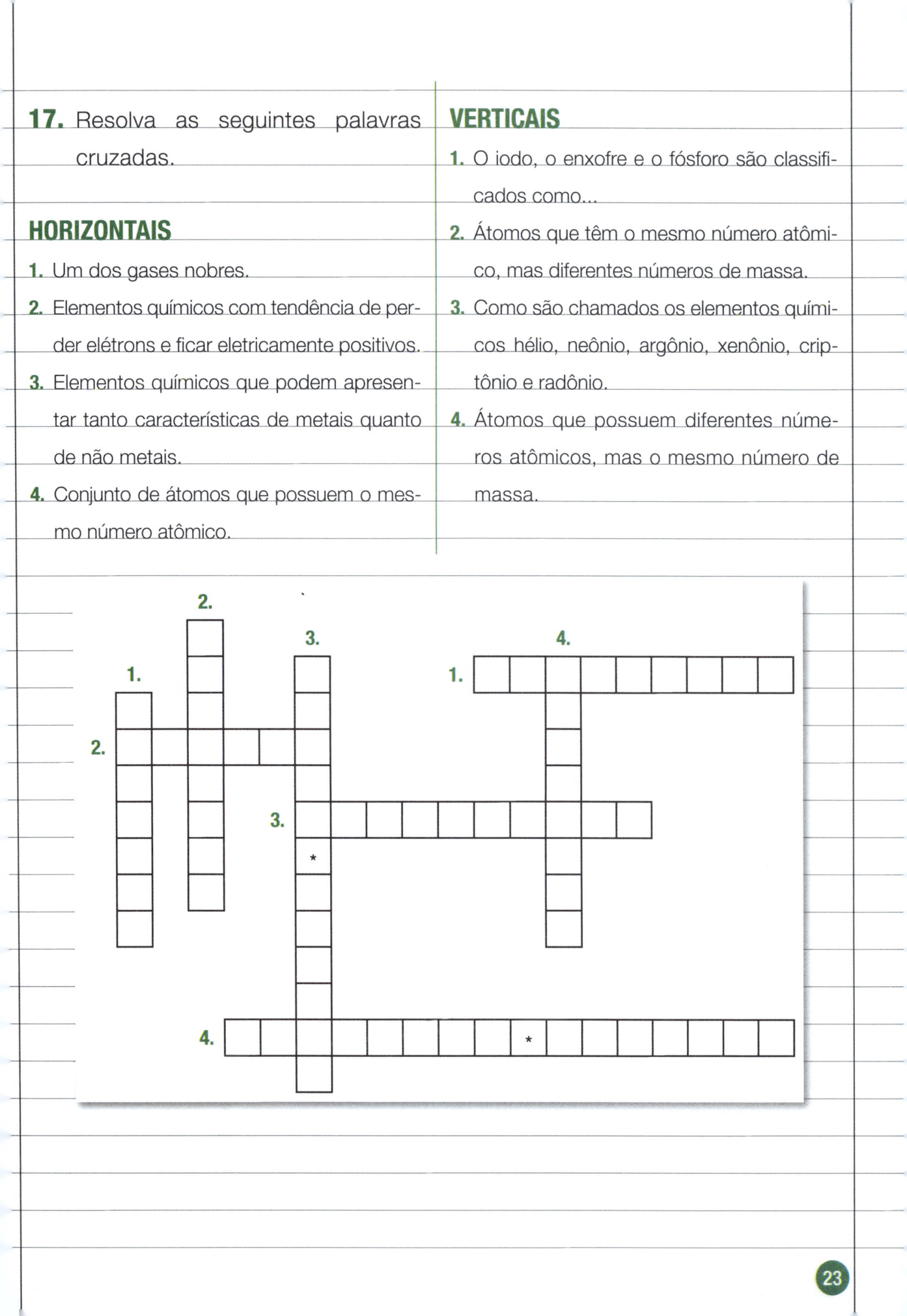

HORIZONTAIS

1. Um dos gases nobres.
2. Elementos químicos com tendência de perder elétrons e ficar eletricamente positivos.
3. Elementos químicos que podem apresentar tanto características de metais quanto de não metais.
4. Conjunto de átomos que possuem o mesmo número atômico.

VERTICAIS

1. O iodo, o enxofre e o fósforo são classificados como...
2. Átomos que têm o mesmo número atômico, mas diferentes números de massa.
3. Como são chamados os elementos químicos hélio, neônio, argônio, xenônio, criptônio e radônio.
4. Átomos que possuem diferentes números atômicos, mas o mesmo número de massa.

6. As ligações entre os átomos

Ligação entre os átomos: torna os átomos estáveis (com 8 elétrons na última camada eletrônica, semelhante aos gases nobres, exceto o He).

Íon: partícula originária de um átomo (ou grupo de átomos) que perdeu ou recebeu 1 ou mais elétrons.

Íon
- **positivo** ou **cátion**: proveniente de átomo que perdeu 1 ou mais elétrons, ficando com maior número de prótons. Exemplos: Na^+, Ca^{2+}
- **negativo** ou **ânion**: proveniente de átomo (ou grupo de átomos) que recebeu 1 ou mais elétrons, ficando com maior número de elétrons. Exemplos: Cl^-, SO_2^{2-}

Tipos de ligações entre os átomos
- **iônica** ou **eletrovalente**: a que transfere elétrons, formando aglomerados iônicos. Exemplos: Na^+Cl^-, Na^+ClO^-, $H_2^+SO_4^{2-}$
- **covalente**: a que compartilha elétrons dos átomos que se ligam. Exemplos: CH_4 (metano), $C_6H_{12}O_6$ (glicose)

Valência: capacidade de ligação entre os átomos, por ganho ou perda de elétrons (eletrovalência) ou por compartilhamento de elétrons (covalência).

Ligação iônica ou eletrovalente

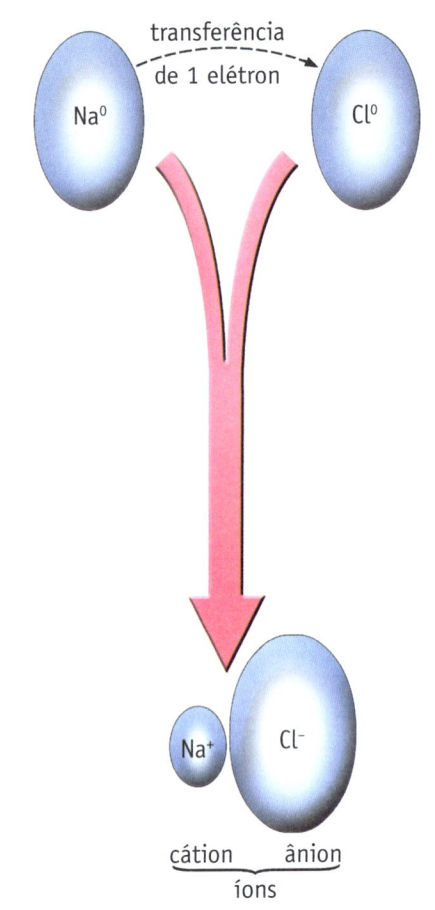

Ligação covalente

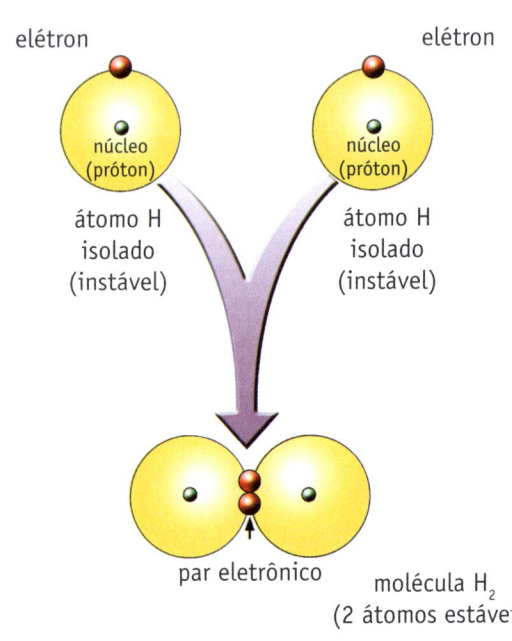

Principais cátions

- **Monovalentes:** H^+, Li^+, Ag^+, Na^+, K^+, Cu^+ (cuproso), NH_4^+ (amônio)

- **Bivalentes:** Ba^{2+}, Ca^{2+}, Co^{2+}, Cu^{2+} (cúprico), Fe^{2+} (ferroso), Mg^{2+}, Mn^{2+}, Zn^{2+}

- **Trivalentes:** Fe^{3+} (férrico), Al^{3+}, Bi^{3+}

Principais ânions

- **Monovalentes:** I^- (iodeto), Cl^- (cloreto), F^- (fluoreto), Br^- (brometo), HCO_3^- (bicarbonato), OH^- (hidroxila), NO_2^- (nitrito), NO_3^- (nitrato)

- **Bivalentes:** S^{2-} (sulfeto), O^{2-} (óxido), CO_3^{2-} (carbonato), SO_4^{2-} (sulfato)

- **Trivalentes:** PO_4^{3-} (fosfato), BO_3^{3-} (borato)

1. O que é valência?

2. Quais são os principais tipos de ligações entre os átomos?

3. O que é íon? Como os íons são classificados?

4. O que é ligação iônica?

5. O que é covalência?

6. Complete as seguintes frases.

a) A estabilidade dos gases nobres deve-se à presença de _____ elétrons na última camada.

b) Para adquirir uma configuração estável, os elementos químicos devem _____.

c) Os átomos podem ligar-se por _____ ou por _____ .

d) _____ é a capacidade de ligação entre átomos por ganho, perda ou _____ de elétrons.

e) O átomo que recebe elétrons transforma-se num íon _____ ou _____ .

f) O átomo que perde elétrons transforma-se num íon _____ ou _____ .

g) A ligação iônica é feita por _____ de elétrons.

h) A ligação covalente é feita por _____ de elétrons.

7. O modelo atômico representado **não** pertence a um gás nobre.

Figura não proporcional à realidade. Cores fantasia.

20⊕
20Ⓝ
2 8 8 2

a) O que deve acontecer para esse átomo adquirir estabilidade?

b) Em que ele se transforma após adquirir estabilidade?

8. Associe corretamente.

(A) valência
(B) covalência
(C) eletrovalência
(D) íon

( ) capacidade de ligação entre átomos
( ) transferência de elétrons
( ) compartilhamento de elétrons
( ) átomo que perdeu ou ganhou elétrons

9. Assinale a alternativa correta.

a) A estabilidade dos gases nobres deve-se à presença, na última camada, de:
   ( ) 1 elétron.
   ( ) 6 elétrons.
   ( ) 4 elétrons
   ( ) 8 elétrons.

b) Covalência é a ligação entre átomos:
   ( ) por perda de elétrons.
   ( ) por recebimento de elétrons.
   ( ) por compartilhamento de elétrons.
   ( ) por transferência de elétrons.

c) Um átomo que perde 3 elétrons transforma-se em:
   ( ) íon trivalente positivo.
   ( ) íon trivalente negativo.
   ( ) ânion trivalente.
   ( ) gás nobre.

d) A ligação iônica ocorre:
   ( ) entre gases nobres.
   ( ) entre não metais.
   ( ) entre metais.
   ( ) entre metais e não metais.

ANOTAÇÕES

7. As substâncias e sua representação

Substâncias
- Puras
  - **Simples:** formadas por átomos de um mesmo elemento químico. Exemplos: O_2 (gás oxigênio), H_2 (gás hidrogênio), S_8 (enxofre)
  - **Compostas:** formadas por átomos de elementos químicos diferentes, num único tipo de molécula ou aglomerado iônico. Exemplos: H_2O (água), $NaCl$ (cloreto de sódio), $C_6H_{12}O_6$ (glicose)
- **Misturas:** podem ser desdobradas em substâncias puras. Exemplo: água + sal. Há dois tipos de mistura: **homogênea** e **heterogênea**.

Substância pura composta: cloreto de sódio

Mistura: água do mar com cloreto de sódio (sal de cozinha).

Alotropia: um mesmo elemento químico forma mais de uma substância pura e simples. Exemplos: C (grafita e diamante); O (gás oxigênio e gás ozônio).

Fórmula química: representação gráfica da substância.

a) **molecular:** quando representamos simplesmente os elementos químicos que formam a substância, bem como suas proporções. Exemplo: glicose $C_6H_{12}O_6$

b) **eletrônica:** quando queremos mostrar a distribuição dos elétrons na última camada. Exemplo: ácido clorídrico

c) **estrutural:** quando queremos mostrar a disposição dos átomos na molécula usando traços no lugar dos pares de elétrons covalentes. Exemplo: álcool etílico

Fórmula iônica

a) Quando os elementos possuem a mesma valência. Exemplos: Na^+Cl^-, $Fe^{2+}S^{2-}$, $Al^{3+}PO_4^{3-}$

b) Quando o cátion possuir valência diferente do ânion, o número de suas cargas positivas será o índice do ânion e o número de cargas negativas do ânion será o índice do cátion.

Exemplos:

$Al^{3+}_2 \; S^{2-}_3 \Rightarrow Al_2S_3 \qquad Ca^{2+}_3 \; PO_4^{3-}{}_2 \Rightarrow Ca_3(PO_4)_2$

Lembre que:

A substância simples não pode ser desdobrada em outras substâncias.

1. O que são substâncias puras? Como podem ser?

2. O que é substância pura simples? Dê exemplos.

3. Quando uma substância pura é composta? Dê exemplos.

4. O que é alotropia? Dê exemplos.

5. Represente a fórmula molecular do ácido fosfórico, sabendo que cada molécula tem 3 átomos de hidrogênio, 1 átomo de fósforo e 4 átomos de oxigênio.

6. Sabendo que a fórmula molecular do amoníaco é NH_3, escreva sua fórmula eletrônica.

7. Consultando a lista dos principais cátions e ânions, represente a fórmula molecular dos seguintes compostos.

a) carbonato de sódio:

b) cloreto de cobalto:

c) hidróxido de alumínio:

d) óxido de alumínio:

e) cloreto férrico:

f) óxido ferroso:

8. Complete as seguintes frases.

a) _____ são aquelas formadas por átomos de um mesmo elemento químico ou de diferentes elementos num único tipo de molécula.

b) Simples é a substância pura constituída de _____ de _____ elemento químico e que não pode ser _____ em outras substâncias.

c) Composta é a substância pura constituída por _____ de elementos químicos _____ e que pode ser _____ em outras substâncias simples.

d) _____ é o fenômeno pelo qual um mesmo elemento químico forma mais de uma substância pura e simples.

e) As substâncias são representadas graficamente por _____, que podem ser: _____, eletrônicas e _____.

9. Classifique as seguintes fórmulas.

CH_4 $H:\overset{H}{\underset{H}{C}}:H$ $H-\overset{H}{\underset{H}{C}}-H$

_____   _____   _____

10. Classifique as substâncias em simples e compostas.

a) Ozônio (O_3): _____

b) Ureia (CON_2H_4): _____

c) Flúor (F_2): _____

d) Sacarose ($C_{12}H_{22}O_{11}$): _____

e) Ácido sulfúrico (H_2SO_4): _____

f) Iodo (I_2): _____

11. Represente as fórmulas.

a) Brometo de cálcio: _____

b) Cloreto de bário: _____

c) Sulfeto de alumínio: _____

d) Sulfato de potássio: _____

e) Nitrato de cobalto: _____

12. Escreva V para verdadeiro ou F para falso. Em seguida, justifique as afirmativas falsas.

a) Gás oxigênio e gás ozônio são formas alotrópicas do elemento químico oxigênio. ( )

b) Quando estamos interessados em mostrar a disposição dos átomos na molécula, usamos a fórmula eletrônica. ( )

c) Tanto a substância simples como a composta são constituídas por átomos de um mesmo elemento químico. ( )

d) A fórmula molecular do sulfeto de alumínio é Al_3S_2. ( )

e) Tanto o gás ozônio como o gás oxigênio são substâncias puras simples. ( )

Justificativa(s):

13. (Mack-SP) O número de substâncias simples entre as substâncias de fórmulas: O_3, H_2O, Na, P_4, CH_4, CO_2 e Co é:

a) ( ) 2
b) ( ) 3
c) ( ) 4
d) ( ) 5
e) ( ) 7

14. (UFPA) Considerando-se a reação: $C + H_2O \longrightarrow CO + H_2$, entre reagentes e produtos, estão presentes:

a) ( ) 2 substâncias simples e 2 compostas.
b) ( ) 1 substância simples e 3 compostas.
c) ( ) 3 substâncias simples e 1 composta.
d) ( ) 4 substâncias simples.
e) ( ) 4 substâncias compostas.

15. São formas alotrópicas do carbono:

a) ( ) isótopos de carbono 13.
b) ( ) calcário e mármore.
c) ( ) silício e germânio.
d) ( ) monóxido e dióxido de carbono.
e) ( ) diamante e grafita.

ANOTAÇÕES

8. Misturas e combinações

Mistura: associação de duas ou mais substâncias, em quaisquer proporções, na qual cada uma mantém suas propriedades. Essas substâncias podem ser separadas por processos físicos.

Tipos de misturas
- **Homogêneas**: possuem um único aspecto visual (exemplo: água + açúcar). Usualmente chamadas de **solução**, possuem 1 fase.
- **Heterogêneas**: possuem mais de um aspecto (exemplo: água + óleo + areia). Apresentam mais de 1 fase.

Mistura homogênea

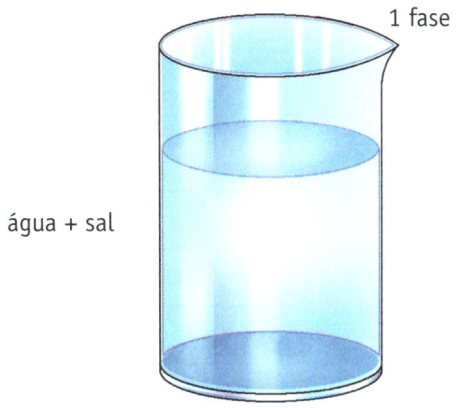

água + sal — 1 fase

Mistura heterogênea

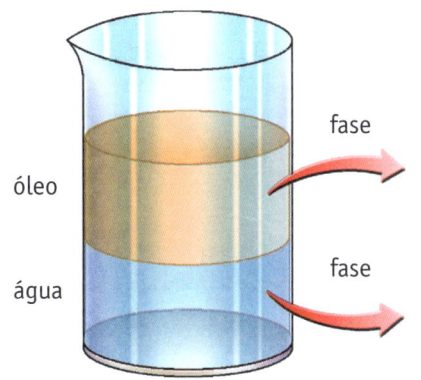

óleo — fase
água — fase

Separação dos componentes das misturas heterogêneas

1. **Mistura sólido-sólido**
   a) Escolha ou catação
   b) Peneiração
   c) Atração magnética: para separar o ferro, o níquel ou o cobalto de outro componente, utilizando-se ímãs.
   d) Ventilação
   e) Sublimação: quando um dos componentes sofre sublimação (mudança do estado sólido para o gasoso). Exemplos: iodo, benjoim, naftalina.

2. **Mistura sólido-líquido**
   a) Decantação: quando a mistura fica em repouso, as partículas depositam-se no fundo do recipiente.
   b) Centrifugação: por rotação, as partículas depositam-se no fundo do recipiente. Utiliza-se uma centrífuga.
   c) Filtração: usando-se filtro de papel ou de porcelana.

3. **Mistura sólido-gás**
   a) Decantação
   b) Filtração: nos aspiradores de pó

Separação dos componentes das misturas homogêneas

1. **Mistura líquido-sólido**
   a) Evaporação
   b) Destilação simples: vaporização do líquido e sua posterior condensação.

2. **Mistura líquido-líquido**
   Destilação fracionada: para líquidos que tenham pontos de ebulição diferentes.

Lembre que:

- Nas combinações químicas, os componentes estão em proporções definidas e formam substâncias puras compostas.

- Os componentes das combinações perdem suas propriedades e não podem ser separados por processos físicos, somente por meio de reações químicas.

Decantação de óleo com água

Decantação da água barrenta

Filtração

1. O que é mistura?

2. Como você distingue uma mistura homogênea de uma mistura heterogênea?

3. Se você tivesse uma mistura de lentilha e grão-de-bico, de que maneira poderia separar os componentes da mistura?

4. Suponha uma mistura de limalhas de ferro e areia. O que você faria para separar um do outro?

5. O benjoim é uma resina extraída de plantas asiáticas. Se você adquirisse benjoim com impurezas, o que faria para torná-lo puro?

6. Em que consiste a decantação?

7. O que é destilação simples? E destilação fracionada?

8. Complete as seguintes frases.

a) _____ é a associação de duas ou mais substâncias em quaisquer proporções.

b) A mistura que apresenta um único aspecto denomina-se _____.

c) A mistura _____ apresenta mais de um aspecto.

d) A mistura homogênea é também chamada _____.

e) Cada aspecto da mistura heterogênea denomina-se _____.

9. (Fuvest-SP) Todas as "águas" com as denominações a seguir podem exemplificar soluções de sólidos em um líquido, exceto:

a) ( ) água potável.
b) ( ) água destilada.
c) ( ) água dura.
d) ( ) água mineral.
e) ( ) água do mar.

10. (Mack-SP) Indique qual das misturas a seguir é sempre um sistema homogêneo nas condições ambientais.

a) ( ) Água e óleo de milho.
b) ( ) Oxigênio e nitrogênio.
c) ( ) Água e gasolina.
d) ( ) Álcool etílico e areia.
e) ( ) Água e serragem.

11. Assinale a alternativa correta.

a) A mistura de água + serragem + areia apresenta:

( ) 1 fase.
( ) 2 fases.
( ) 3 fases.
( ) 4 fases.

b) Em laboratórios de análises clínicas, para separar os componentes do sangue, utiliza-se a:

( ) evaporação.
( ) centrifugação.
( ) filtração.
( ) destilação simples.

c) Os componentes do petróleo são separados entre si por:

( ) destilação simples.
( ) filtração.
( ) decantação.
( ) destilação fracionada.

d) A atração magnética é empregada quando se deseja separar de outras matérias:

( ) o alumínio.
( ) o ferro.
( ) o chumbo.
( ) o zinco.

e) A separação de dois componentes de misturas heterogêneas que tenham densidades diferentes pode ser feita por:

( ) catação.
( ) peneiração.
( ) decantação.
( ) ventilação.

12. Associe corretamente.

(A) substância pura simples
(B) mistura homogênea
(C) mistura heterogênea
(D) substância pura composta

( ) sulfeto de ferro
( ) granito
( ) água e açúcar
( ) gás nitrogênio

13. Cite três diferenças entre mistura e combinação.

14. Você está diante de um recipiente com água e areia. Cite dois processos que você pode utilizar para separar os componentes dessa mistura.

15. Você tem uma mistura de água, sal de cozinha e areia. O que você faria para separar o sal de cozinha da areia?

9. Ácidos

Ácidos: são substâncias que apresentam as seguintes propriedades:
- Em solução aquosa, liberam cátions hidrogênio (H^+).
- Possuem sabor azedo. Por conter ácidos, o limão, o vinagre e a coalhada apresentam esse sabor.
- Tingem de vermelho o papel azul de tornassol (indicador de ácido-base).
- Tingem de vermelho a solução alaranjada de metil-orange (alaranjado de metila – também indicador de ácido-base).
- Reagem com os carbonatos e bicarbonatos, produzindo efervescência em virtude do desprendimento de gás carbônico.

Classificação
a) **Hidrácidos:** não possuem oxigênio na molécula. Exemplos: HBr, HCl, H_2S
b) **Oxiácidos:** possuem oxigênio na molécula. Exemplos: HNO_3, H_2SO_4, H_3PO_4

Nomenclatura
a) Os hidrácidos levam a terminação **-ídrico**. Exemplos: HCl (ácido clorídrico), HI (ácido iodídrico), H_2S (ácido sulfídrico).

b) Os oxiácidos levam a terminação **-ico**. Exemplos: HNO_3 (ácido nítrico), H_2SO_4 (ácido sulfúrico). Quando as moléculas dos ácidos desses mesmos elementos possuem menor número de átomos de oxigênio, levam a terminação **-oso**. Exemplos: HNO_2 (ácido nitroso), H_2SO_3 (ácido sulfuroso).

Importância
- O ácido clorídrico faz parte do suco gástrico produzido em nosso estômago.
- O ácido sulfúrico é empregado nas baterias dos automóveis.
- Os ácidos nítrico e fosfórico são usados em fertilizantes agrícolas.
- O ácido ascórbico é a vitamina C.
- **Atenção:** alguns ácidos como ácidos clorídrico, sulfúrico e nítrico são muito fortes e são perigosos para a nossa saúde. Não cheire, nem prove estas substâncias.

O limão é rico em ácido ascórbico.

1. Por que alguns frutos (acerola, tamarindo, limão etc.) possuem sabor azedo?

2. Por que os ácidos, em solução aquosa, conduzem a corrente elétrica? Defina ácido quanto a essa propriedade.

3. O mármore é constituído de carbonato de cálcio. Deixando-se cair algumas gotas de ácido clorídrico sobre o mármore, o que se observa? Por quê?

4. Como você testa uma substância ácida? Exemplifique.

5. Dê o nome dos seguintes ácidos:
   a) HF:
   b) HNO_2:
   c) HNO_3:
   d) H_2S:
   e) H_2SO_3:
   f) H_2SO_4:
   g) H_3PO_4:

6. (Unisinos-RS) Qual das substâncias a seguir apresenta sabor azedo quando em solução aquosa?
   a) (   ) Na_2S
   b) (   ) NaCl
   c) (   ) CaO
   d) (   ) HCl
   e) (   ) NaOH

7. A água pura é um mau condutor de corrente elétrica. O ácido sulfúrico puro (H_2SO_4) também é mau condutor. Explique o fato de uma solução diluída de ácido sulfúrico, em água, ser bom condutor de corrente elétrica.

8. Quando se coloca o papel azul de tornassol no vinagre, o indicador fica vermelho.
   • Que tipo de substância é o vinagre?

10. Bases

Bases: são substâncias que apresentam as seguintes propriedades em comum:
- Em solução aquosa, dissociam-se, fornecendo ânions hidróxido (OH^-).
- Possuem sabor adstringente (que dá sensação de aspereza na língua), como a banana verde e alguns tipos de dentifrícios.
- Tingem de vermelho a solução incolor de fenolftaleína (indicador ácido-base).
- Tingem de azul o papel vermelho de tornassol (indicador usado em teste de base).
- Neutralizam os ácidos, formando sais.

A banana verde tem sabor adstringente e é mais nutritiva do que a banana madura.

Nomenclatura: acrescenta-se às palavras **hidróxido de** o nome do cátion que originou a base. Exemplo: hidróxido de sódio ($NaOH$).

Importância
- O hidróxido de cálcio ou cal hidratada ($Ca(OH)_2$) é usado na construção civil, como componente da argamassa e na pintura (caiação).
- O hidróxido de magnésio ou leite de magnésia ($Mg(OH)_2$) é eficaz como antiácido estomacal e como laxante.
- O hidróxido de amônio (NH_4OH) é empregado na fabricação de produtos de limpeza.
- Os hidróxidos de sódio ($NaOH$) e de potássio (KOH) são empregados nas indústrias de sabão e sabonete e de produtos desentupidores de ralos e encanamentos.

1. O que são bases? Dê exemplos.

2. Cite uma propriedade organoléptica das bases.

3. Como se reconhece praticamente uma base? Exemplifique.

4. Cite uma utilidade do hidróxido de cálcio.

5. Um indivíduo está com azia, devido ao excesso de ácido clorídrico no estômago. O que ele poderia fazer para neutralizar esse excesso de acidez?

6. Apesar de perigosas, a soda cáustica (NaOH) e a potassa cáustica (KOH) apresentam alguma utilidade? Justifique sua resposta.

7. (FEEQ-CE) A formação de hidróxido de alumínio, resultante da reação de um sal desse metal com uma base, pode ser representada por:

a) ( ) $Al^+ + OH^- \rightarrow Al(OH)$
b) ( ) $Al^{2+} + 2\ OH^- \rightarrow Al(OH)_2$
c) ( ) $Al^{3+} + 3\ OH^- \rightarrow Al(OH)_3$
d) ( ) $Al^{4+} + 4\ OH^- \rightarrow Al(OH)_4$
e) ( ) $Al^{5+} + 5\ OH^- \rightarrow Al(OH)_5$

8. (PUC-RS) A soda cáustica (NaOH) se comporta diante da fenolftaleína do mesmo modo que:

a) ( ) o amoníaco.
b) ( ) a água da chuva.
c) ( ) a urina.
d) ( ) os refrigerantes gaseificados.
e) ( ) o suco de laranja.

9. (UFRS) Aos frascos A, B e C, contendo soluções aquosas incolores de substâncias diferentes, foram adicionadas gotas de fenolftaleína. Observou-se que só o frasco A passou a apresentar coloração rósea. Identifique a alternativa que indica substâncias que podem estar presentes em B e C.

a) ( ) NaOH e NaCl
b) ( ) H_2SO_4 e HCl
c) ( ) NaOH e $Ca(OH)_2$
d) ( ) H_2SO_4 e NaOH
e) ( ) NaCl e $Mg(OH)_2$

10. (Fuvest-SP) Identifique a alternativa que apresenta dois produtos caseiros com propriedades alcalinas (básicas):

a) ( ) detergente e vinagre
b) ( ) sal e coalhada
c) ( ) leite de magnésia e sabão
d) ( ) bicarbonato e açúcar
e) ( ) coca-cola e água de cal

11. Sais

Sais são substâncias com as seguintes propriedades:
- Se originam da reação de um ácido com uma base.
- Se dissociam em água, fornecendo íons diferentes de H^+ e de OH^-, conduzindo corrente elétrica.
- São sólidos nas condições ambientais.
- Possuem sabor salgado.

Nomenclatura: baseia-se no nome da terminação do ácido que o originou.

Terminação do ácido	Terminação do sal
-ico	-ato
-ídrico	-eto
-oso	-ito

Importância
- O cloreto de sódio (NaCl) está presente no sal de cozinha.
- O bicarbonato de sódio ($NaHCO_3$) funciona como antiácido e é utilizado na confecção de bolos (para o crescimento), fazendo parte do fermento em pó.
- O nitrato de sódio ($NaNO_3$) ou salitre do chile é usado como fertilizante na agricultura.

1. Qual é a origem dos sais?

2. O que é sal? Dê exemplos.

3. Dê o nome dos seguintes sais:

a) MgS:

b) $Al_2(SO_4)_3$:

c) $Ca(NO_3)_2$:

d) Na_2S:

e) K_2SO_3:

4. Qual é a importância do bicarbonato de sódio?

5. (Mack-SP) Identifique a alternativa que contém apenas sais.

a) ( ) H_2O_2, Fe_2O_3, NaOH

b) ( ) NaCl, $CaCO_3$, $KMnO_4$

c) ( ) H_2S, HCN, Al_2O_3

d) ( ) $CaCl_2$, $Ba(BrO)_2$, $Zn(OH)_2$

e) ( ) KOH, NaBr, $CaCO_3$

6. (Fuvest-SP) A seguir, aparecem os nomes alquímicos e os nomes modernos de três compostos químicos:

• natro – carbonato de sódio

• sal de epsom – sulfato de magnésio

• sal de glauber – sulfato de sódio

O elemento químico comum às três substâncias é:

a) ( ) H

b) ( ) Na

c) ( ) S

d) ( ) C

e) ( ) O

7. (PUC-SP) O salitre do chile, $NaNO_3$, utilizado como fertilizante, pertence à função:

a) ( ) sal.

b) ( ) base.

c) ( ) ácido.

d) ( ) óxido ácido.

e) ( ) óxido básico.

8. (Osec-SP) O fosfato de cálcio é um sólido branco usado na agricultura como fertilizante. Ele pode ser obtido pela reação entre o hidróxido de cálcio e o ácido fosfórico. As fórmulas do hidróxido de cálcio, do ácido fosfórico e do fosfato de cálcio são, respectivamente:

a) ( ) $Ca(OH)$, HPO_4, $CaPO_4$
b) ( ) $Ca(OH)_2$, H_3PO_4, $Ca_2(PO_4)_3$
c) ( ) $Ca(OH)_2$, H_2PO_4, $CaPO_4$
d) ( ) $Ca(OH)$, H_3PO_4, Ca_3PO_4
e) ( ) $Ca(OH)_2$, H_3PO_4, $Ca_3(PO_4)_2$

9. (Mack-SP) Na reação de neutralização total do ácido sulfídrico (H_2S) com o hidróxido de potássio (KOH), há formação de sal e água. Identifique a alternativa que contém a fórmula e o nome correto desse sal:

a) ( ) K_2SO_4 – sulfato de potássio
b) ( ) K_2SO_3 – sulfito de potássio
c) ( ) KS – sulfeto de potássio
d) ( ) K_2S – sulfato de potássio
e) ( ) K_2S – sulfeto de potássio

12. Óxidos

Óxidos são compostos binários nos quais um dos elementos químicos é o oxigênio.

Exemplos:

CO (monóxido de carbono), CO_2 (dióxido de carbono ou gás carbônico), CaO (óxido de cálcio).

Classificação

a) **Óxidos ácidos**: reagem com a água, originando ácidos.
Exemplo: $SO_3 + H_2O \rightarrow H_2SO_4$

b) **Óxidos básicos**: reagem com a água, originando bases.
Exemplo: $CaO + H_2O \rightarrow Ca(OH)_2$

Importância

- O dióxido de carbono (CO_2) é usado pelas plantas durante a fotossíntese; também é utilizado na produção de gelo-seco e refrigerantes.
- O monóxido de carbono (CO) é um gás venenoso. Absorvido pelos pulmões, combina-se com a hemoglobina do sangue, impedindo a combinação desta com o oxigênio, podendo levar um indivíduo à morte.
- O dióxido de enxofre (SO_2) origina a chuva ácida.
- O óxido de cálcio (CaO) ou cal é utilizado no processo de calagem, quando o solo está excessivamente ácido.

A cor amarelada da fumaça indica a presença de dióxido de enxofre.

1. Classifique, quanto à função química, as seguintes substâncias:

a) $ZnCO_3$:
b) HNO_3:
c) HgO:
d) $Bi(OH)_3$:
e) $NaHCO_3$:
f) MgO:
g) $MgCO_3$:

2. Associe corretamente.

(A) ácido
(B) base
(C) sal
(D) óxido
(E) função química

( ) grupo de substâncias com propriedades semelhantes

( ) possui sabor azedo

( ) tinge de vermelho a solução incolor de fenolftaleína

( ) possui cátion diferente de H^+ e ânion diferente de OH^-

( ) composto binário contendo oxigênio

3. A substância Na_2O apresenta as seguintes reações:

$Na_2O + H_2O \rightarrow 2NaOH$
$Na_2O + 2HCl \rightarrow 2NaCl + H_2O$
$Na_2O + NaOH \rightarrow$?

- Baseado nessas reações é possível concluir que o Na_2O é:

a) ( ) sal.
b) ( ) base.
c) ( ) ácido.
d) ( ) óxido ácido.
e) ( ) óxido básico.

4. Gelo-seco é:

a) ( ) gelo formado nas nuvens.
b) ( ) gelo desidratado externamente.
c) ( ) gás carbônico no estado sólido.
d) ( ) gelo a uma temperatura abaixo de 0 °C.
e) ( ) água com cloreto de amônio.

5. (FEI-SP) Nos últimos anos, a cidade de São Paulo vem sofrendo os efeitos da chuva ácida. O caráter ácido da chuva é causado pela presença de:

a) ( ) monóxido de carbono.
b) ( ) amônia.
c) ( ) óxidos de enxofre.
d) ( ) sais de fósforo.
e) ( ) partículas de carvão.

6. (PUC-SP) Quando o solo é excessivamente ácido, agricultores procuram diminuir a acidez por meio da adição de substâncias com propriedades alcalinas. Com essa finalidade, um dos produtos utilizados é o:

a) ( ) NaCl.
b) ( ) CaO.
c) ( ) Na_2SO_4.
d) ( ) NH_4NO_3.
e) ( ) $KClO_4$.

13. As reações químicas

Reação química: toda combinação entre substâncias originando outras que passam a apresentar propriedades diferentes.

No preparo dos alimentos acontecem muitas reações químicas.

Representação das reações: por meio de equações em que o 1º membro representa os reagentes e o 2º membro, os produtos.

Nas reações químicas, os elementos químicos e o número de seus átomos encontrados no 2º membro devem ser iguais aos encontrados no 1º membro. Ao montar a equação, se isso não acontecer é necessário balanceá-la.

Fatores que influem nas reações: calor, luz, catalisadores (aceleradores de reações como, por exemplo, as enzimas produzidas pelos seres vivos).

Tipos de reações

- **Síntese:** duas substâncias combinam-se para formar uma nova substância, de estrutura mais complexa.

$$A + B \longrightarrow AB$$

- **Análise:** uma substância desdobra-se em outras, de estrutura mais simples.

$$AB \longrightarrow A + B$$

- **Simples troca:** uma substância simples reage com uma composta, ocupando o lugar de um dos componentes da substância composta.

  A + BC ⟶ AC + B

- **Dupla troca:** duas substâncias compostas reagem, trocando parte de sua constituição, formando duas novas substâncias.

  AB + CD ⟶ AC + BD

1. Complete as frases.

a) Reação química é toda combinação entre _____ originando outras com propriedades diferentes.

b) As reações químicas são representadas por _____ .

c) Nas equações químicas, há dois membros separados por uma seta. O membro que fica à esquerda da seta representa os _____ e o membro que fica à direita da seta representa os _____ .

d) Algumas reações químicas são influenciadas por certos fatores, como os catalisadores, a _____ , o _____ etc.

e) Nos seres vivos, os catalisadores são substâncias chamadas _____ .

2. (Mack-SP) A sequência que representa, respectivamente, reações de síntese, análise, simples troca e dupla troca é:

I – $Zn + Pb(NO_3)_2 \rightarrow Zn(NO_3)_2 + Pb$
II – $FeS + 2HCl \rightarrow FeCl_2 + H_2S$
III – $2NaNO_3 \rightarrow 2NaNO_2 + O_2$
IV – $N_2 + 3H_2 \rightarrow 2NH_3$

a) ( ) I, II, III e IV
b) ( ) III, IV, I e II
c) ( ) IV, III, I e II
d) ( ) I, III, II e IV
e) ( ) II, I, IV e III

3. (Unicap-PE) Uma determinada substância caiu sobre uma pedra-mármore, havendo desprendimento de um gás. A substância que reagiu com o mármore pode ter sido:

a) ( ) cloreto de sódio.
b) ( ) ácido clorídrico.
c) ( ) cloreto de cálcio.
d) ( ) sacarose.
e) ( ) sulfato de cobre.

4. Balanceie as reações químicas.

a) $CaO + HCl \rightarrow CaCl_2 + H_2O$
b) $CaCO_3 + HCl \rightarrow CaCl_2 + H_2O + CO_2$
c) $H_2S + Fe(OH)_3 \rightarrow Fe_2S_3 + H_2O$
d) $Ba + HCl \rightarrow BaCl_2 + H$
e) $Al(OH)_3 + H_2S \rightarrow Al_2S_3 + H_2O$

5. Classifique as reações químicas.

a) $KOH + HNO_3 \rightarrow KNO_3 + H_2O$

b) $H_2 + I_2 \rightarrow 2HI$

c) $BaCO_3 \rightarrow BaO + CO_2 \nearrow$

d) $2Zn + 2H_2SO_4 \rightarrow 2ZnSO_4 + 2H_2 \nearrow$

e) $2H_2O_2 \rightarrow 2H_2O + O_2$

f) $MnO + 2HCl \rightarrow MnCl_2 + H_2O$

6. Complete e balanceie as seguintes reações químicas:

a) $Ca(OH)_2 + Na_2CO_3 \rightarrow$
b) $ZnCl_2 + NaOH \rightarrow$
c) $CuSO_4 + Fe \rightarrow$
d) $KI + Cl \rightarrow$
e) $H_2SO_4 + Fe(OH)_2 \rightarrow$
f) $Ba(OH)_2 + HCl \rightarrow$
g) $H_2SO_4 + KOH \rightarrow$
h) $N_2 + H_2 \rightarrow$

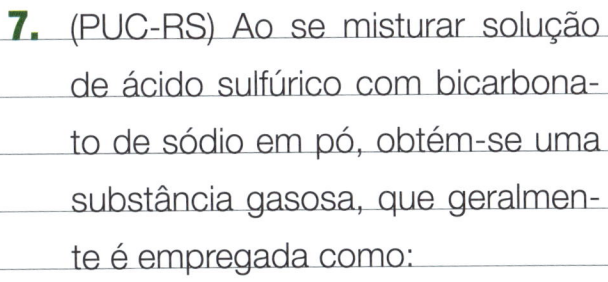

7. (PUC-RS) Ao se misturar solução de ácido sulfúrico com bicarbonato de sódio em pó, obtém-se uma substância gasosa, que geralmente é empregada como:

a) ( ) combustível.
b) ( ) agente de limpeza.
c) ( ) fertilizante.
d) ( ) extintor de chamas.
e) ( ) anestésico.

14. As leis das reações químicas

> **Massa atômica** é o número de vezes que um átomo de um elemento químico é mais "pesado" que 1/12 do isótopo carbono 12.
>
> **Massa molecular** é o número que indica quantas vezes uma molécula de uma substância é mais "pesada" que 1/12 do isótopo carbono 12. Para determiná-la, somam-se as massas dos átomos que compõem a molécula da substância.
>
> **Lei de Proust** ou **lei das proporções definidas:** "As substâncias apresentam os seus elementos químicos combinados em massa segundo proporções fixas e definidas."
>
> **Lei de Lavoisier** ou **lei da conservação das massas:** "Num sistema isolado a soma das massas dos reagentes é igual à soma das massas dos produtos da reação" ou "Na natureza nada se cria e nada se perde, tudo se transforma."

Lei da conservação das massas

$2 H_2 + O_2 \longrightarrow 2 H_2O$

Figuras não proporcionais à realidade. Cores fantasia.

1. Calcule a massa molecular das seguintes substâncias:

$BaSO_4$; $Ca(NO_3)_2$; $C_{12}H_{22}O_{11}$; $Al_2(SO_4)_3$

Dados – massas atômicas:
Ba = 137   S = 32   O = 16   Ca = 40
N = 14   C = 12   H = 1   Al = 27

2. Complete as seguintes frases.

a) A massa atômica dos elementos químicos é calculada em relação a _____ da massa atômica do isótopo _____ .

b) Massa molecular de uma substância é o número que indica _____ uma molécula dessa substância _____ que 1/12 do isótopo carbono 12.

c) Se a massa molecular do ácido sulfúrico é 98, significa que _____ de ácido sulfúrico "pesa" _____ mais que _____ do isótopo carbono 12.

d) A lei de Proust ou lei das _____ estabelece que dois ou mais elementos químicos combinam-se entre si para formar substâncias segundo proporções _____ e _____ .

e) A lei de Lavoisier também pode ser enunciada assim: "Na natureza nada _____ e nada se perde, _____ ."

f) A lei de Lavoisier ou lei da _____ estabelece que, num sistema isolado, a soma das massas dos reagentes é _____ soma das massas dos produtos da reação.

3. (UFSE) Suponha a transformação:
$2O_3$ (gás) $\rightarrow$ $3O_2$ (gás)
Quando a transformação acima é total, quantos litros de oxigênio são produzidos a partir de 200 litros de ozônio?

a) ( ) 300
b) ( ) 200
c) ( ) 150
d) ( ) 120
e) ( ) 100

4. A cebola, quando cortada, desprende SO_2, que, em contato com o ar, forma SO_3. O SO_3, por sua vez, entra em contato com a água da lágrima, produzindo ácido sulfúrico, que provoca ardor nos olhos.

Represente as equações das reações ocorridas.

5. Que lei(s) das reações químicas foi(foram) aplicada(s) na questão anterior?

ANOTAÇÕES

FÍSICA

15. Apresentação

Física: estudo dos fenômenos que não alteram a estrutura da matéria.

Principais ramos de estudo da Física:

- **Mecânica:** estudo dos fenômenos que produzem o movimento dos corpos.
- **Termologia:** estudo dos fenômenos provocados pelo calor.
- **Ondulatória:** estudo dos fenômenos provocados por perturbações que se propagam num meio.
- **Óptica:** estudo dos fenômenos provocados pela luz.
- **Magnetismo:** estudo dos fenômenos provocados pelos ímãs.
- **Eletricidade:** estudo dos fenômenos provocados por cargas elétricas.

Lembre que:

Para resolver os problemas de Física, é necessário uniformizar as unidades de medida.

1. Transformar 12 minutos em horas.

2. Reduzir 0,54 km a metros.

3. Reduzir 0,45 minutos a segundos.

4. A quantos gramas corresponde 0,25 kg?

5. A quantos segundos correspondem 53 minutos?

6. A quantos segundos corresponde 1 hora?

7. Reduzir 2h15min a segundos.

8. A quantos segundos correspondem 3h08min?

16. Movimento uniforme

Sistema de referência ou **referencial:** corpo (ou conjunto de corpos) utilizado para determinar a posição de outros corpos no espaço e sua velocidade.

Corpo em movimento: quando sua posição em relação a um referencial muda com o tempo.

Ponto material: corpo cujas dimensões são desprezíveis.

Móvel: corpo em movimento.

Trajetória do movimento: linha imaginária descrita por um corpo em movimento. Pode ser **retilínea** ou **curvilínea** (circular, elíptica etc.).

Trajetórias curvilíneas de aviões.

Velocidade média (v_m): relação entre o espaço (Δs) percorrido pelo móvel e o tempo (Δt) de percurso.

$$v_m = \frac{\Delta s}{\Delta t}$$

$\Delta s = s - s_0$ (s: espaço final; s_0: espaço inicial)

$\Delta t = t - t_0$ (t: tempo final; t_0: tempo inicial)

Movimento uniforme (MU): executado por um móvel que apresenta **velocidade constante** no decorrer do tempo, ou seja:

$v_m = v$

1. Um trem percorreu o espaço de 30 quilômetros em meia hora. Qual foi a velocidade média do trem?

2. Qual é o espaço percorrido por um móvel com velocidade constante de 60 km/h no intervalo de tempo de 480 minutos?

3. Um ponto material, com velocidade constante de 60 cm/min, percorreu 180 cm. Qual foi o tempo gasto em segundos?

4. Sabendo que a luz demora 8min20s para percorrer a distância do Sol à Terra e que a velocidade média da luz é de 300 000 km/s, calcule a distância do Sol à Terra.

5. Qual foi o espaço percorrido em 1h50min por um corredor em movimento uniforme, com a velocidade de 0,2 km/min?

6. Quantos quilômetros percorrerá, em 30 minutos, um automóvel, em movimento uniforme, com a velocidade de 90 km/h?

7. Um avião voa com velocidade constante de 800 km/h. Calcule o espaço por ele percorrido em 18 minutos.

8. Um ciclista, em movimento uniforme, gastou 2h15min para percorrer 72,9 km. Calcule sua velocidade em m/s.

9. Um móvel percorreu uma trajetória retilínea de 288 km em 2 horas com velocidade constante. Que espaço ele deve ter percorrido em 1min20s?

10. Um móvel percorreu 12 km em 10 minutos.
a) Qual foi a sua velocidade média em m/s?
b) Que distância percorreria em 1 h com a mesma velocidade?

11. (Fuvest-SP) Um ônibus sai de São Paulo às 8 h e chega a Jaboticabal, que dista 350 km da capital, às 11h30min. No trecho de Jundiaí a Campinas, de aproximadamente 45 km, sua velocidade é constante e igual a 90 km/h.

a) Qual a velocidade, em km/h, no trajeto São Paulo-Jaboticabal?
b) Em quanto tempo o ônibus cumpre o trecho Jundiaí-Campinas?

13. Um ciclista percorre uma pista com velocidade constante de 36 km/h. A velocidade do ciclista, em m/s, é:

a) ( ) 36
b) ( ) 20
c) ( ) 12
d) ( ) 10
e) ( ) 6

Justifique a sua resposta.

12. (FGV-SP) Numa corrida de Fórmula 1, a volta mais rápida foi feita em 1min20s, com velocidade média de 180 km/h. Qual o comprimento da pista em metros?

14. (Unifor-CE) Um menino sai de sua casa e caminha para a escola, dando, em média, um passo por segundo. Se o tamanho médio de seu passo é de 0,5 m e ele gasta 5 minutos no trajeto, a distância entre sua casa e a escola, em metros, é de:

a) ( ) 15
b) ( ) 25
c) ( ) 100
d) ( ) 150
e) ( ) 300

Justifique a sua resposta.

ANOTAÇÕES

15. (FCC-BA) Qual a velocidade média, em km/h, de uma pessoa que percorre, a pé, 1 200 m em 20 min?

a) ( ) 4,8
b) ( ) 3,6
c) ( ) 2,7
d) ( ) 2,1
e) ( ) 1,2

Justifique a sua resposta.

17. Movimento uniformemente variado

Aceleração média: é uma grandeza física que indica uma variação de velocidade (Δv) em dado intervalo de tempo (Δt).

$$a_m = \frac{\Delta v}{\Delta t} = \frac{v - v_0}{t - t_0}$$

v_0: velocidade inicial t_0: tempo inicial
v: velocidade final t: tempo final

Movimento uniformemente variado (MUV): executado por um móvel que apresenta **aceleração constante** no decorrer do tempo, ou seja: $a_m = a$

Função horária da velocidade no MUV

$$v = v_0 + at$$

Função horária da posição no MUV

$$s = s_0 + v_0 t + \frac{at^2}{2}$$

ou $\Delta s = \frac{at^2}{2}$

quando: $\begin{cases} s_0 = 0 \text{ (parte da origem)} \\ v_0 = 0 \text{ (parte do repouso)} \end{cases}$

Nos corpos em queda livre, $a = g$ (aceleração da gravidade).

Lembre que:

- A **gravidade** é a atração exercida pela Terra sobre os corpos, fazendo-os cair.
- O movimento é **acelerado** ($v > 0$ e $a > 0$) quando a velocidade **aumenta** no decorrer do tempo (Exemplo: queda livre dos corpos).
- O movimento é **retardado** ($v > 0$ e $a < 0$) quando a velocidade **diminui** no decorrer do tempo (Exemplo: carro em movimento quando é freado).

MOVIMENTO ACELERADO

velocidade aumentando

MOVIMENTO RETARDADO

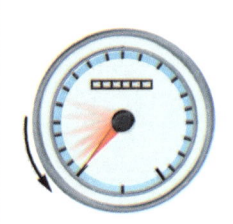

velocidade diminuindo

1. Um automóvel parte do repouso e atinge a velocidade de 15 m/s ao fim de 3 segundos. Qual é a sua aceleração média?

2. Um automóvel parte do repouso e, 5 minutos depois, atinge a velocidade de 1 200 m/min. Calcule a aceleração média por ele sofrida.

3. Um trem passa por uma estação **A** com velocidade de 60 km/h e, 42 minutos depois, passa por uma estação **B** com velocidade de 74 km/h. Qual foi a aceleração média sofrida pelo trem?

4. Um ponto material em MUV, no terceiro segundo de seu movimento, tem a velocidade de 15 m/s e, no fim do quarto segundo, a velocidade de 25 m/s. Qual é a sua aceleração?

5. Calcule quantos minutos um avião gasta para atingir a velocidade de 640 km/h, após passar por determinado ponto com a velocidade de 160 km/h. Sabe-se que ele percorre uma trajetória retilínea com aceleração constante de 960 km/h^2.

6. Um caminhão viaja por uma estrada com a velocidade de 70 km/h. Diante de um obstáculo, ele é freado e para cerca de 360 segundos depois. Qual foi a sua aceleração média?

7. Um trem passou por uma estação com velocidade de 70 km/h e 48 minutos depois, passou por outra estação com velocidade de 85 km/h. Qual foi a aceleração média do trem?

8. Um objeto caiu do alto de um edifício, gastando 7 s na queda. Com que velocidade atingiu o solo, sabendo que nesse local a aceleração da gravidade é igual a 9,8 m/s^2?

9. Um motorista de caminhão que viaja por uma estrada com a velocidade de 80 km/h depara-se com um obstáculo e freia. O caminhão para após 600 segundos. Qual foi a sua aceleração média?

10. Quanto tempo um corpo em queda livre, de uma altura de 313,6 m, num local onde a aceleração da gravidade é 9,8 m/s², demora para atingir o solo?

11. Uma bola em movimento uniformemente acelerado percorreu 200 metros em 8 segundos. Que distância percorreu nos 3 primeiros segundos?

12. Um corpo, em movimento uniformemente acelerado, percorre 600 m em 10 s.
a) Qual é a aceleração de seu movimento?
b) Ao fim de quanto tempo o móvel adquirirá a velocidade de 180 m/s?

13. Um corpo sólido muito denso, abandonado do alto de uma torre, gastou, em queda livre, 4 segundos para atingir o solo.

a) Qual é a altura da torre, sabendo-se que a aceleração da gravidade nesse local é 9,8 m/s²?
b) Qual é a velocidade do corpo no momento em que atingiu o solo?

14. Um fragmento de ferro, em queda livre, demorou 6 segundos para atingir o solo, num local onde a aceleração da gravidade é 9,8 m/s². De que altura ele caiu?

18. As forças em Mecânica

Força: grandeza física capaz de produzir ou modificar o estado de **movimento** de um corpo, **equilibrá-lo** ou de causar-lhe uma **deformação**.

Elementos de uma força: ponto de aplicação, direção, sentido e intensidade (ou módulo).

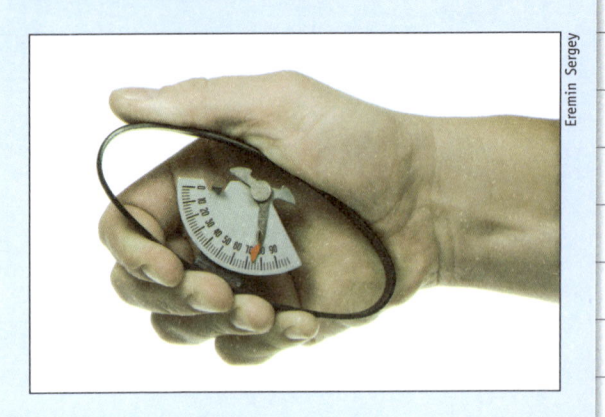

- **Direção:** é a reta segundo a qual a força age.
- **Sentido:** é a orientação da força (da esquerda para a direita, da direita para a esquerda etc.)

Medida da força: feita por meio de dinamômetro.

Representação gráfica da força: por vetor, que é um segmento de reta orientado.

Unidades de medida da intensidade das forças:

a) **Newton** (N): força capaz de imprimir a um corpo de massa 1 kg a aceleração de 1 m/s²

O nome dessa unidade foi dado em homenagem ao físico e matemático inglês Isaac Newton (1642-1727), responsável por muitos estudos sobre movimento dos corpos, óptica, entre outros.

b) **Quilograma-força** (kgf): força que, atuando sobre um corpo de massa 1 kg, faz com que sua aceleração seja 9,8 m/s², quando atraído pela Terra.

$$1 \text{ kgf} = 9,8 \text{ N}$$

Sistema de forças: conjunto de forças que atuam sobre um corpo. Podem ser substituídas por uma única força, chamada **resultante** (R).

Determinação da resultante de um sistema de forças

a) Quando as forças têm a mesma direção (reta segundo a qual a força age) e o mesmo sentido (orientação da força), basta somá-las.

FORÇAS DE MESMO SENTIDO E DIREÇÃO

$\vec{R} = \vec{F_1} + \vec{F_2}$
$\vec{F_1} = 10$ N
$\vec{F_2} = 20$ N
$\vec{R}$ = força resultante

b) Quando as forças têm a mesma direção e sentidos opostos, subtraem-se as forças de sentidos opostos.

FORÇAS DE MESMA DIREÇÃO E SENTIDOS OPOSTOS

$\vec{F_1} = 10$ N
$\vec{F_2} = 7$ N

c) Quando as forças têm o mesmo ponto de aplicação e são perpendiculares entre si, aplicando o teorema de Pitágoras, determinam-se a direção e a intensidade da resultante.

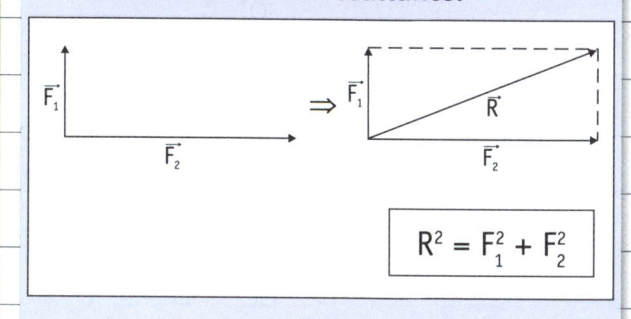

$$R^2 = F_1^2 + F_2^2$$

1. Sob o ponto de vista da Física, o que é força?

2. Quais são os elementos de uma força?

3. Qual é a diferença entre direção e sentido de uma força?

4. Como se representa uma força?

5. Como se pode medir a intensidade de uma força?

6. Quantos kgf há em 98 N?

7. O que é um sistema de forças? Como se denomina a força capaz de substituí-las?

8. As forças $\vec{F}_1 = 80$ N; $\vec{F}_2 = 120$ N e $\vec{F}_3 = 100$ N atuam num mesmo corpo e apresentam a mesma direção e o mesmo sentido. Qual é o valor da intensidade da resultante? Qual é a sua direção?

9. Duas forças com peso de mesmo valor estão suspensas numa corda de polia.

- Qual é o valor desse sistema de forças?

10. Duas forças concorrentes, $\vec{F_1} = 6$ N e $\vec{F_2} = 8$ N, são perpendiculares entre si. Qual é o valor da intensidade da resultante desse sistema de forças?

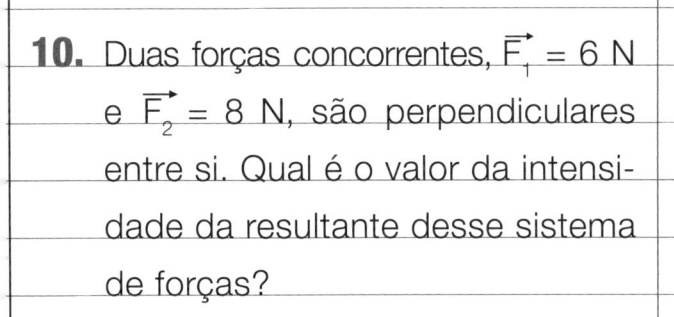

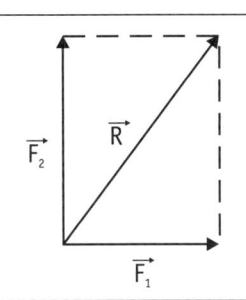

11. Num sistema de forças concorrentes e perpendiculares entre si, a resultante do sistema vale 20 N. Se uma das forças tem intensidade igual a 16 N, qual é o valor da intensidade da outra?

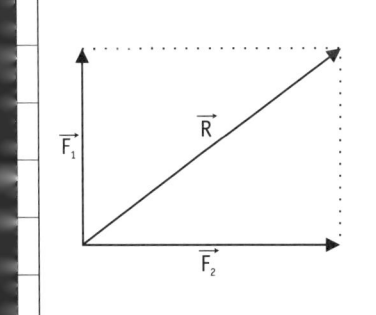

12. Calcule a intensidade da resultante do sistema de forças abaixo representado.

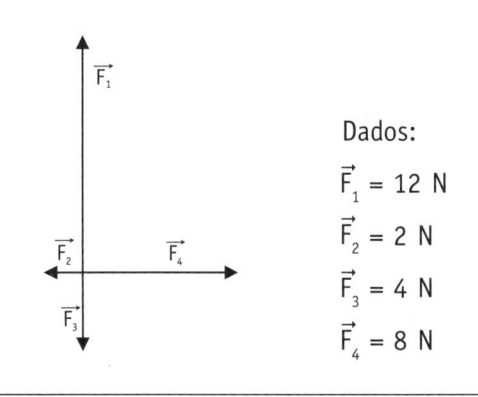

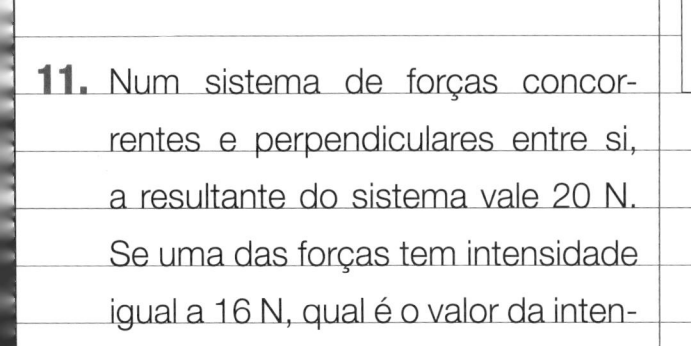

Dados:
$\vec{F_1} = 12$ N
$\vec{F_2} = 2$ N
$\vec{F_3} = 4$ N
$\vec{F_4} = 8$ N

19. As leis da Dinâmica

Dinâmica: parte da Mecânica que estuda os movimentos levando em conta as suas causas, que são as forças.

Cinemática: parte da Mecânica que estuda os movimentos sem levar em conta as suas causas.

1ª lei de Newton ou princípio da inércia: "Todo corpo tende a permanecer em estado de repouso ou de movimento retilíneo e uniforme, desde que forças não atuem sobre ele obrigando-o a mudar de estado."

2ª lei de Newton ou princípio fundamental da Dinâmica: "No que se refere à massa dos corpos existe uma relação de proporcionalidade entre a força que nela atua e a aceleração por ela adquirida." $F = m \cdot a$

3ª lei de Newton ou princípio da ação e reação: "Para cada ação existe sempre uma reação de mesma direção e intensidade, mas de sentido contrário."

Durante a queima do combustível, o foguete solta um jato de gases (ação) em um sentido e se move em sentido oposto (reação).

1. O que estuda a Dinâmica?

2. Qual é o enunciado do princípio da inércia?

3. Qual é o enunciado do princípio fundamental da Dinâmica?

4. Um corpo de massa 16 kg sofre a ação de uma força de 4 N de intensidade. Qual é a aceleração adquirida pelo corpo?

5. Um corpo, sob a ação de uma força de 18 N, sofre uma aceleração de 2 m/s². Qual é a massa desse corpo?

6. A falta de uso do cinto de segurança nos veículos fere que lei da Dinâmica? Qual é o seu enunciado?

7. As lulas (moluscos) têm uma cavidade no corpo, que se comunica com o meio exterior por meio de um funil, que elimina água a jatos. Graças a esses jatos, as lulas se movimentam em sentido contrário a eles. Que lei da Dinâmica está aplicada nesse caso? Qual é o seu enunciado?

ANOTAÇÕES

20. Massa e peso – Gravitação Universal

Massa: quantidade de matéria contida num corpo. É a medida da inércia. Não varia conforme a localização do corpo no Universo. É medida em balanças.

Peso: força com que um corpo é atraído por um astro, por ação da gravidade local. É uma grandeza variável conforme a localização do corpo no Universo. É medida em dinamômetros. Suas unidades de medida são o Newton (N) e o kilograma-força (kgf).

Relação entre peso e massa:

$$P = m \cdot g$$

P: peso
m: massa
g: aceleração da gravidade

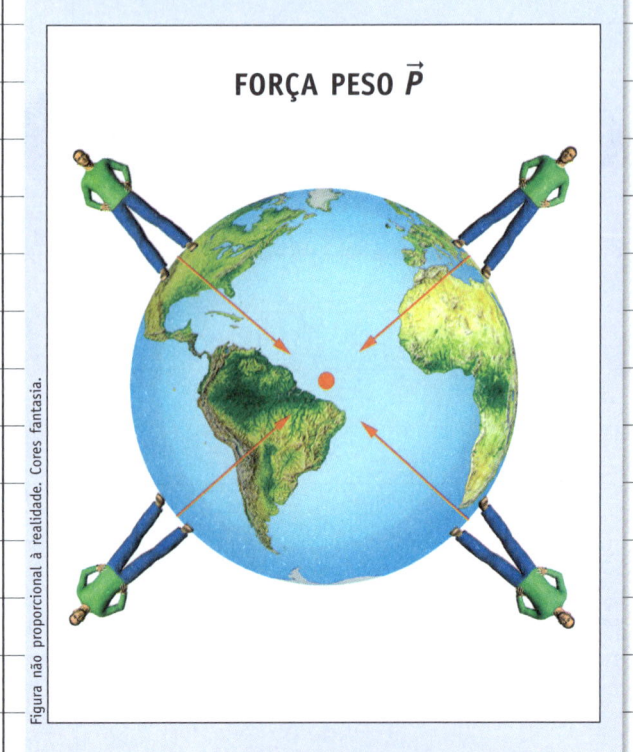

FORÇA PESO $\vec{P}$

Figura não proporcional à realidade. Cores fantasia.

Lei da Gravitação Universal, proposta por Newton: "Matéria atrai matéria na razão direta das massas e na razão inversa do quadrado da distância."

$$F = G \cdot \frac{M \cdot m}{d^2}$$

F: força de atração gravitacional entre os corpos do Universo.
M e **m:** massas dos corpos.
G: constante da Gravitação Universal (de valor extremamente pequeno).
d: distância entre os (centros dos) corpos.

Lembre que:

A força de gravidade depende da massa dos corpos, por isso a massa gravitacional da Terra gera a atração (aceleração da gravidade) de 9,8 m/s² sobre 1 kg de massa de determinado objeto, também chamada de quilograma-força (kgf).

1. Como você diferencia massa de peso?

2. Se uma balança indica que você tem 48 kg de massa, qual será o seu peso aqui na Terra, onde g vale 9,8 m/s²?

3. Sabendo-se que a aceleração da gravidade (g) na Lua é igual a 1,67 m/s², qual seria o seu peso nesse satélite natural da Terra?

4. O que você entende por força gravitacional?

5. Dê o enunciado da Lei da Gravitação Universal.

6. Escreva a equação que representa a Lei da Gravitação Universal, dando o significado de seus termos.

21. Centro de gravidade e atrito

Centro de gravidade: região do corpo onde se concentra sua massa. No corpo homogêneo e de forma geométrica definida, corresponde ao seu centro geométrico, ponto onde a força gravitacional é aplicada.

Condição para o equilíbrio de um corpo: a resultante das forças que atuam no corpo deve ser nula.

Condições para o equilíbrio estável nos corpos apoiados:
- O centro de gravidade deve ser o mais baixo possível.
- A base de apoio deve ser a maior possível.

Bola em equilíbrio: nenhuma força está atuando sobre ela.

Atrito: força que se deve ao contato entre os corpos e se opõe ao deslocamento de um sobre o outro. A força de atrito está diretamente relacionada ao peso. Quanto maior o peso do corpo sobre a superfície, maior será o atrito gerado no deslocamento do corpo na superfície.

Lembre que:

- O **atrito de deslizamento** depende da força que comprime a superfície do corpo contra a superfície na qual ele está apoiado e da natureza da superfície (quanto mais áspera a superfície, maior é o atrito).

- O **atrito de rolamento** é a força oposta ao movimento de objetos arredondados exercida sobre a superfície em que se apoiam. É menor do que o atrito de deslizamento.

1. Onde se localiza o centro de gravidade de um triângulo retângulo? Faça um desenho.

2. Qual é a condição para que um corpo esteja em equilíbrio?

3. Se você estiver de pé, num ônibus, com os pés juntos, e uma pessoa a seu lado estiver na mesma posição, mas com os pés afastados, qual dos dois estará em posição de equilíbrio mais estável? Por quê?

4. Nos corpos apoiados, quais são as condições para um equilíbrio estável?

5. O que é atrito?

6. O que é atrito de deslizamento?

7. Cite alguns casos em que ocorre atrito.

8. Por que nas máquinas de uma fábrica o atrito pode ser prejudicial?

9. De que depende o atrito de deslizamento?

10. Qual a relação entre atrito e peso?

11. O que é atrito de rolamento?

22. Trabalho, potência e energia

Trabalho: deslocamento de um corpo por ação de uma força na mesma direção e sentido.

$$\tau = F \cdot d$$

Unidade de medida de trabalho: no Sistema Internacional de Unidades (SI), é o **joule** (J), que é o trabalho realizado por uma força de 1 newton para deslocar um corpo em 1 metro na direção e sentido da força.

$$1\,J = 1\,N \cdot 1\,m$$

Potência: relação entre o trabalho e o tempo gasto para realizá-lo.

$$Pot = \frac{\tau}{\Delta t}$$

Unidade de medida de potência: no SI é o **watt** (W), que é a potência desenvolvida pelo trabalho de 1 joule durante 1 segundo.

$$1\,W = \frac{1\,J}{1\,s}$$

Podem ser usadas outras unidades de medida como **cavalo-vapor** (CV) e **horse-power** (HP).
Relações:

$$1\,CV = 735\,W$$
$$1\,HP = 746\,W$$

Energia: capacidade de realizar trabalho.

Tipos de energia

a) **Potencial** (de posição)

$$E_p = m \cdot g \cdot h$$ (m: massa; g: aceleração da gravidade; h: altura)

b) **Cinética** (de movimento)

$$E_c = \frac{m \cdot v^2}{2}$$

(m: massa; v: velocidade)

Princípio da conservação da energia: "Na natureza, a energia não é criada nem destruída, mas um tipo de energia se transforma em outro."

Na usina hidrelétrica a água cai de grande altura e sua energia potencial se transforma em energia cinética.

1. Complete as frases.

a) _____ é o produto de uma força pelo deslocamento do seu ponto de aplicação na mesma _____ e _____.

b) Se uma força age sobre um corpo e não desloca seu ponto de aplicação, _____ realiza _____.

c) _____ é o trabalho realizado por uma força de 1 newton que desloca seu ponto de aplicação em 1 metro em sua direção e sentido.

d) Potência é a relação entre o _____ e o _____ gasto para realizá-lo.

e) Watt é a potência desenvolvida pelo trabalho de _____ no tempo de _____ .

f) Energia é a capacidade de realizar _____ .

2. Assinale **certo** (C) ou **errado** (E) e justifique as afirmativas erradas.

a) A capacidade de realizar trabalho chama-se potência. ( )

b) 1 cavalo-vapor é a potência equivalente a 746 W. ( )

c) Energia não se cria nem se destrói, mas um tipo de energia se transforma em outro. ( )

d) Abrindo uma porta, por meio de uma maçaneta, realiza-se um trabalho. ( )

Justificativa(s):

3. Associe corretamente.

(A) energia potencial
(B) energia cinética
(C) potência
(D) trabalho
(E) cavalo-vapor

( ) potência equivalente a 735 W
( ) produto da força pelo deslocamento do seu ponto de aplicação
( ) energia armazenada no corpo devido à sua posição
( ) energia devida ao movimento
( ) relação entre trabalho e tempo

4. Um indivíduo, aplicando uma força de 5 N, desloca um carrinho de compras em 15 m. Que trabalho ele realiza?

5. Pretende-se extrair de uma mina quantidades de água, de 900 N de peso, da profundidade de 150 m, em cada período de 3 min.
   a) Que potência do motor deve ser empregada?

   b) Qual o valor dessa potência em cavalos-vapor?

6. Calcule, em cavalos-vapor, a potência de um guindaste que eleva, por minuto, uma carga de 90 000 N de peso à altura de 10 m.

7. Um trabalhador coloca 4 caixas, cada uma com 5 N de peso, numa prateleira, realizando um trabalho de 40 J. A que altura estava a prateleira?

8. Um guindaste elevou uma pedra de 500 N de peso à altura de 9 m de um prédio em construção.
   a) Qual foi o trabalho realizado?

   b) Se esse trabalho foi executado em 20 s, que potência do motor foi empregada?

9. "A água contida num reservatório de uma usina hidrelétrica, a uma certa altura, possui energia potencial. Quando essa água desce para movimentar as turbinas, sua energia potencial converte-se em energia cinética, colocando em atividade um gerador que produz energia elétrica. Através de uma rede de distribuição, essa energia elétrica vai aos domicílios, às indústrias, ao comércio e às vias públicas, transformando-se em energia luminosa, calorífica, mecânica etc."

Esse texto retrata:

a) ( ) as leis de Newton (do movimento)
b) ( ) a lei de Lavoisier
c) ( ) a lei de Proust
d) ( ) a lei da conservação da energia mecânica
e) ( ) o princípio da conservação da energia

10. Um trabalhador aplica uma força correspondente a 500 N sobre um corpo, deslocando-o em 6 metros, em 4 segundos. Calcule a sua potência em cavalos-vapor e em watts.

11. Um veículo automotor, com a massa de 1 500 kg, encontra-se estacionado numa ponte de 15 m de altura.

a) Qual é a sua energia potencial, supondo-se que onde ele esteja a aceleração da gravidade é 9,8 m/s^2?

b) Se ele entrar em movimento, quando atingir a velocidade de 40 km/h, que energia cinética terá?

12. Um corpo de massa 20 kg caiu de uma altura de 125 m num local onde a aceleração da gravidade é 10 m/s^2. Considerando o momento em que sua energia potencial iguala-se à energia cinética, qual é a velocidade do corpo nesse instante?

23. Máquinas simples

Máquina: todo instrumento capaz de transmitir a ação de forças para vencer resistências e facilitar a realização de um trabalho.

São **simples** quando constituídas de uma única peça: alavancas, roldanas etc.

No trabalho realizado pela máquina simples, é diminuída a intensidade da força e aumentado o deslocamento.

São **complexas** quando formadas da associação de peças: máquina de costura, impressora, torno, liquidificador etc.

Alavanca: barra rígida que se move em torno de um apoio (A) ou fulcro.

Equilíbrio nas alavancas

$$F_p \cdot b_p = F_r \cdot b_r$$

$$F_p = \frac{F_r}{2^n}$$

F_p: força potente; F_r: força resistente; b_p: braço da potência; b_r: braço da resistência

Tipos de alavancas

a) **Interfixa**: o apoio está entre a potência e a resistência.

b **Interpotente**: a potência está entre o apoio e a resistência.

c) **Inter-resistente**: a resistência está entre o apoio e a potência.

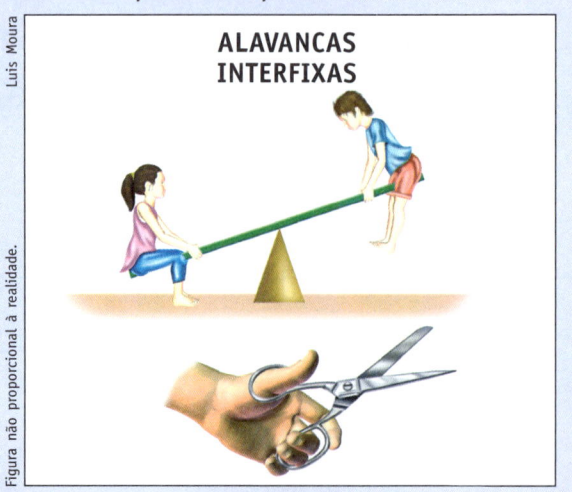

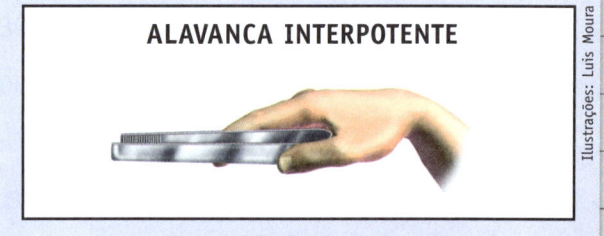

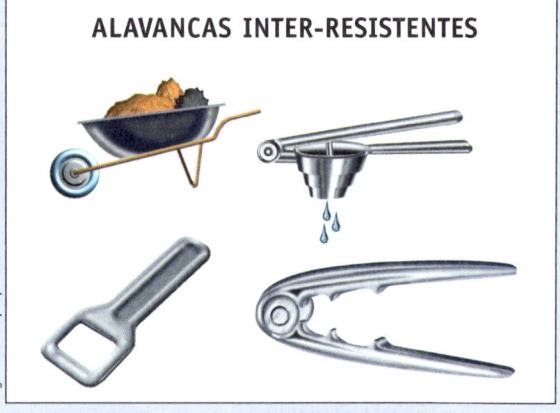

ALAVANCAS INTERFIXAS

ALAVANCA INTERPOTENTE

ALAVANCAS INTER-RESISTENTES

Roldana ou **polia**: disco contendo um sulco na borda, por onde passa uma corda ou uma corrente.

Polia
- **Fixa**: equilíbrio: $F_p = F_r$
- **Móvel**: equilíbrio: $F_p = \dfrac{F_r}{2}$

Em uma associação de polias móveis com uma só polia fixa, tem-se a condição de equilíbrio:

$$F_p = \frac{F_r}{2^n}$$

, sendo **n** o número de polias móveis.

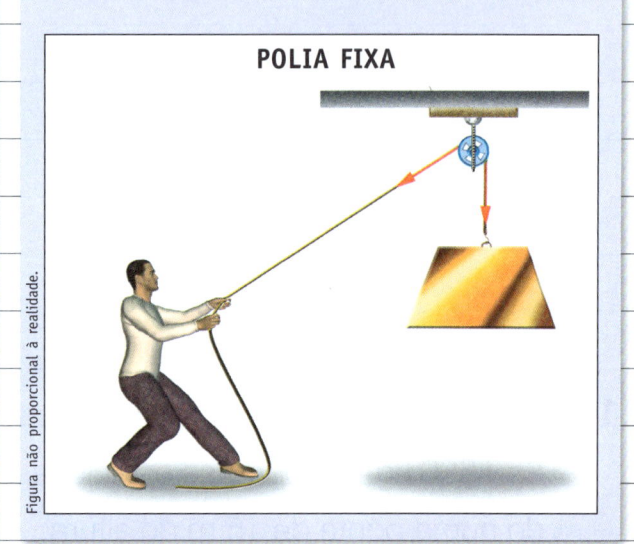

POLIA FIXA

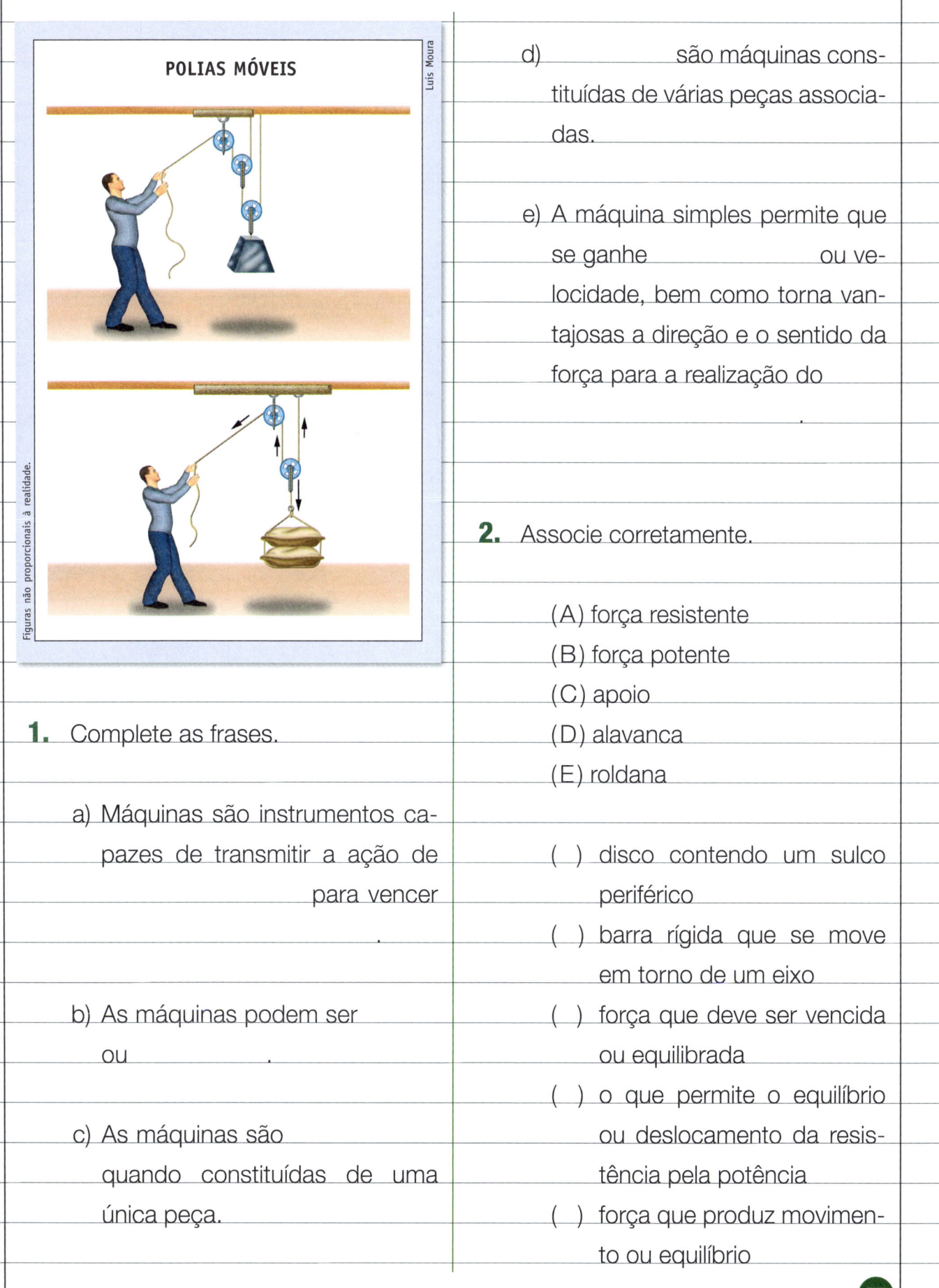

POLIAS MÓVEIS

Figuras não proporcionais à realidade.

1. Complete as frases.

a) Máquinas são instrumentos capazes de transmitir a ação de _____ para vencer _____.

b) As máquinas podem ser _____ ou _____.

c) As máquinas são _____ quando constituídas de uma única peça.

d) _____ são máquinas constituídas de várias peças associadas.

e) A máquina simples permite que se ganhe _____ ou velocidade, bem como torna vantajosas a direção e o sentido da força para a realização do _____.

2. Associe corretamente.

(A) força resistente
(B) força potente
(C) apoio
(D) alavanca
(E) roldana

( ) disco contendo um sulco periférico
( ) barra rígida que se move em torno de um eixo
( ) força que deve ser vencida ou equilibrada
( ) o que permite o equilíbrio ou deslocamento da resistência pela potência
( ) força que produz movimento ou equilíbrio

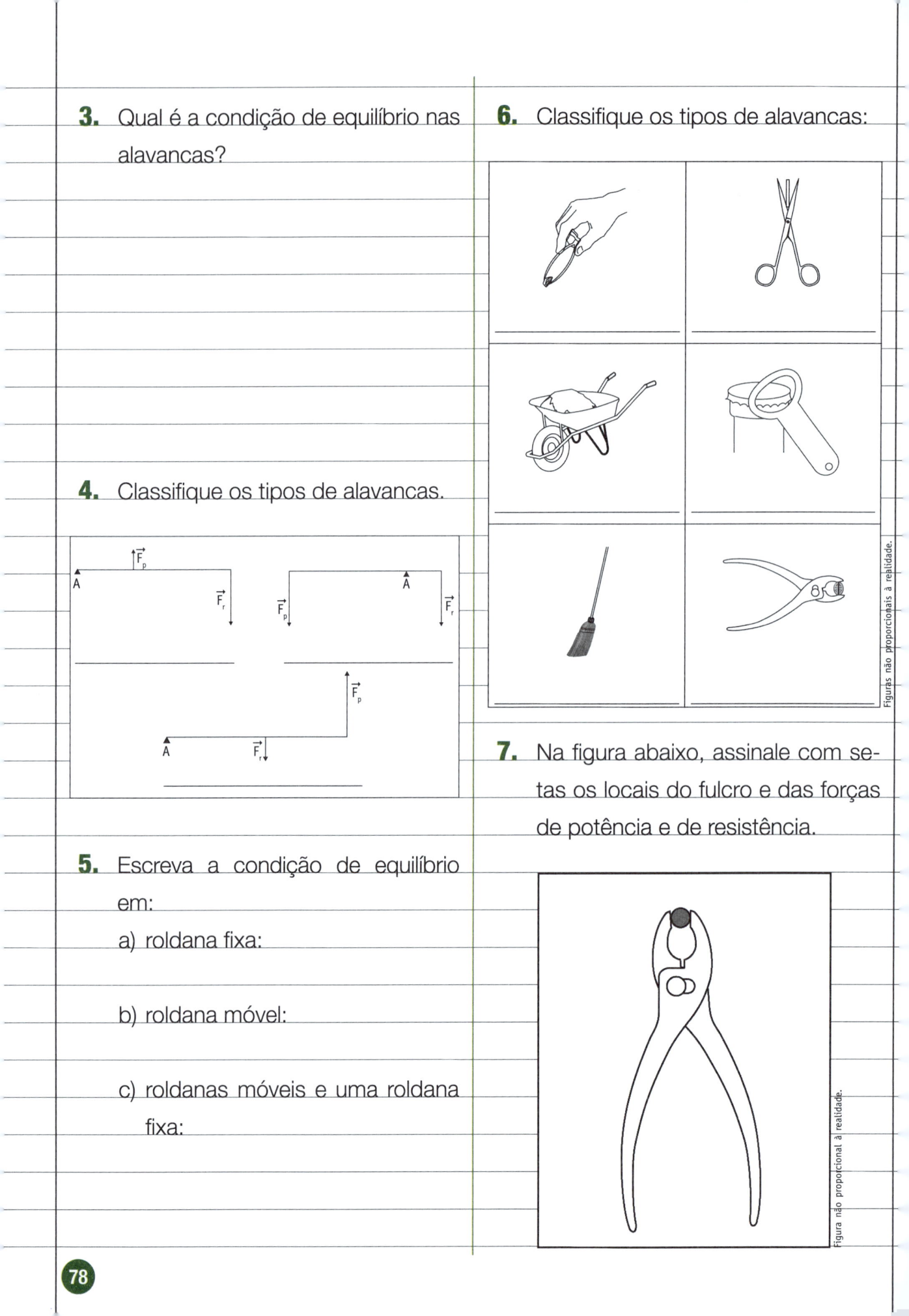

3. Qual é a condição de equilíbrio nas alavancas?

4. Classifique os tipos de alavancas.

5. Escreva a condição de equilíbrio em:

a) roldana fixa:

b) roldana móvel:

c) roldanas móveis e uma roldana fixa:

6. Classifique os tipos de alavancas:

7. Na figura abaixo, assinale com setas os locais do fulcro e das forças de potência e de resistência.

8. Um peso de 300 N dista 20 cm do apoio de uma alavanca cujo braço da potência vale 1,5 m. Qual é o valor que deve ser ultrapassado por uma força potente a fim de levantar e mover o peso?

9. Numa alavanca de 4 m de comprimento, a força resistente de 240 N é equilibrada pela força potente de 80 N. Qual é o comprimento do braço da potência?

10. Uma alavanca tem o comprimento de 1,20 m e numa de suas extremidades está um corpo cujo peso é 220 N. Exercendo uma força potente de 20 N, a que distância do corpo se deve colocar o apoio para obter o equilíbrio da alavanca?

11. Numa alavanca interfixa, o ponto de aplicação da força resistente dista 12 cm do apoio. Sabendo que, por meio dessa alavanca, com a força potente de 48 N, se equilibra um peso de 936 N, calcule o comprimento da alavanca.

12. Considere os sistemas de roldanas abaixo representados.

Qual é o valor da força potente necessária para estabelecer o equilíbrio estático em cada um dos sistemas?

a)

b)

c)

d)

13. Numa associação de roldanas móveis com uma roldana fixa, uma carga de 2 400 N de peso é equilibrada por uma força potente de 300 N. Qual o número de roldanas móveis dessa associação?

14. Uma associação com 4 roldanas móveis equilibra uma carga de 240 N. Qual a força potente responsável pelo equilíbrio?

24. A temperatura

Temperatura: grandeza física que representa a medida do grau de agitação das partículas (átomos e moléculas) dos corpos. Revela o estado de aquecimento dos corpos. Quanto maior a agitação entre as partículas, maior é a temperatura do corpo. Essa medida é feita por meio de instrumentos denominados **termômetros**, que são providos de uma escala.

Escala Celsius de temperatura: usada em países latinos.

Pontos fixos fundamentais:

- Temperatura de fusão do gelo = 0 °C (zero grau Celsius).
- Temperatura de ebulição da água = 100 °C.

Escala Fahrenheit de temperatura: usada em países de língua inglesa.

Pontos fixos fundamentais:

- Temperatura de ebulição da água = 212 °F.
- Temperatura de uma mistura (água + gelo picado + cloreto de amônio + cloreto de sódio) = 0 °F.

O gelo tem temperatura inferior à do nosso corpo, enquanto a chama do fósforo tem temperatura superior.

Lembre que:

- 0 °F corresponde a −17,7 °C
- 32 °F correspondem a 0 °C
- Relações entre as escalas:

$$\frac{°C}{5} = \frac{°F - 32}{9}$$

- Nos termômetros são usados líquidos (mercúrio ou álcool), que sofrem dilatação com o aumento da temperatura e se deslocam na escala, marcando o valor da temperatura.
- Há termômetros digitais que funcionam eletronicamente.
- As diferentes temperaturas, em relação à temperatura do nosso corpo (por volta de 37 °C), nos dão as sensações de quente e de frio.

1. O que é temperatura?

2. A quantos graus Celsius correspondem 86 graus na escala Fahrenheit?

3. A quantos graus Fahrenheit correspondem 50 graus Celsius?

4. A que temperatura os termômetros de escalas Celsius e Fahrenheit marcam o mesmo número de graus?

5. Uma pessoa usa o termômetro clínico (de mercúrio) para saber sua temperatura e descobre que está com febre. Como o instrumento funcionou, dando esta informação?

6. A quantos graus Celsius correspondem 140 °F?

7. A quantos graus Fahrenheit correspondem −5 °C?

8. Um dado termômetro tem indicados, à direita, a escala Celsius e, à esquerda, a escala Fahrenheit. Quando a temperatura for de −10 °C, qual será a temperatura Fahrenheit?

9. A que temperatura, na escala Celsius, corresponde uma temperatura, na escala Fahrenheit, expressa por um número cinco vezes maior?

25. O calor

Calor: forma de energia que passa de um corpo mais aquecido para outro corpo menos aquecido até que se estabeleça um equilíbrio térmico.

Fontes naturais de calor: o Sol e o interior da Terra.

Obtenção artificial de calor: por eletricidade, por atrito e por reações químicas, como a combustão.

Propagação do calor:
- **por condução:** de partícula a partícula;
- **por convecção:** por massas líquidas ou gasosas que se deslocam;
- **por irradiação:** por meio de ondas eletromagnéticas.

Unidade de medida do calor: caloria (quantidade de calor necessária para elevar de 14,5 °C a 15,5 °C, à pressão normal, a temperatura de 1 grama de água). Abrevia-se por **cal**; 1 kcal (quilocaloria) = 1 000 cal.

Calor específico (cal/g · °C): quantidade de calor (em cal) necessária para elevar em 1 °C a massa de 1 g de uma substância.

Medida da quantidade de calor: é feita por meio da fórmula:

$$Q = m \cdot c \cdot (t_2 - t_1)$$, onde

Q: quantidade de calor (em cal).

m: massa do corpo.

c: calor específico da substância que constitui o corpo.

t_1: temperatura inicial.

t_2: temperatura final.

> **Os efeitos do calor**
> - **Físicos:** dilatação dos corpos e mudanças de estado físico.
> - **Químicos:** síntese e decomposição de substâncias.
> - **Biológicos:** brando (ativação enzimática); intenso (destruição de células).

1. Complete as seguintes frases.

a) Calor é uma forma de energia em trânsito, isto é, passa de um corpo mais _____ para outro menos _____ até que ambos atinjam um _____.

b) São duas as fontes naturais de calor: _____ e o interior _____.

c) O calor pode também ser obtido artificialmente por _____, por _____ e por _____.

d) O calor propaga-se de três maneiras: _____, _____ e _____.

e) _____ é a propagação do calor de partícula a partícula do corpo, sem que elas se desloquem.

f) _____ é a propagação do calor por massas líquidas ou gasosas que se deslocam.

g) Irradiação é a propagação do calor por _____.

2. O que é caloria?

3. O que é calor específico?

4. Assinale a alternativa correta.

a) As brisas marítimas deslocam-se por:
( ) irradiação.
( ) condução.
( ) reflexão.
( ) convecção.

b) O calor que recebemos do Sol propaga-se por:
( ) irradiação.
( ) condução.
( ) refração.
( ) convecção.

c) Calor específico é a quantidade de calor necessária para elevar em .... a massa de 1 grama de uma substância.
( ) 1 °C
( ) 10 °C
( ) 100 °C
( ) 1 000 °C

d) A quantidade de calor que um dado corpo recebe ou perde não é diretamente proporcional:
( ) à sua massa.
( ) ao calor específico.
( ) à variação de temperatura.
( ) ao estado físico.

e) Quando os líquidos são aquecidos, o calor propaga-se por:
( ) reações químicas.
( ) convecção.
( ) irradiação.
( ) condução.

5. Qual a quantidade de calor que deve ser fornecida a 20 g de cobre, cujo calor específico é 0,092 cal/g·°C, para que sua temperatura se eleve de 12 °C para 64 °C?

6. Considere que 500 g de água a 15 °C estejam contidos num vaso que é submetido à ação do calor. Qual a quantidade de calor que deve ser fornecida à água para que ela entre em ebulição nas condições normais de pressão?
 • Lembre-se: o calor específico da água é de 1 cal/g·C°.

7. Um fragmento de prata de 10 g de massa é submetido à ação de uma quantidade de calor correspondente a 11,2 cal. Sabe-se que sua temperatura passou de 15 °C para 35 °C. Qual é o calor específico da prata?

8. Uma quantidade de calor correspondente a 48,1 cal é fornecida a um corpo para que sua temperatura varie de 10 °C. Sabendo-se que o calor específico desse corpo é 0,0962 cal/g·°C, qual é o valor de sua massa?

26. Ondas

Onda: qualquer perturbação que se propaga num meio em forma de elevações (ou cristas) e depressões (ou vales).

Comprimento de onda(λ): distância entre duas cristas (ou entre dois vales) consecutivos.

Amplitude: distância de uma crista ou de um vale ao eixo de propagação da onda.

Tipos de ondas

a) **Transversais:** a direção de vibração é perpendicular à direção de propagação.
Ex.: ondas em cordas.

b) **Longitudinais:** a direção de vibração é a mesma que a de propagação.
Ex.: ondas sonoras.

As ondas, quanto à natureza, podem ser:

a) **Mecânicas:** necessitam de um meio material para se propagar. Ex.: ondas em cordas e ondas sonoras.

b) **Eletromagnéticas:** não necessitam de um meio material para se propagar. Ex.: ondas luminosas, raios ultravioleta e infravermelhos, ondas de rádio e TV.

Frequência: número de vibrações (ou ciclos) por segundo. Mede-se contando o número de cristas ou vales. A unidade utilizada para medição é o hertz (Hz), quilo-hertz (kHz), o mega-hertz (MHz) ou o giga-hertz (GHz). Sendo a equivalência:

1 kHz = 1 000 Hz

1 MHz = 1 000 000 Hz

1 GHz = 1 000 000 000 Hz

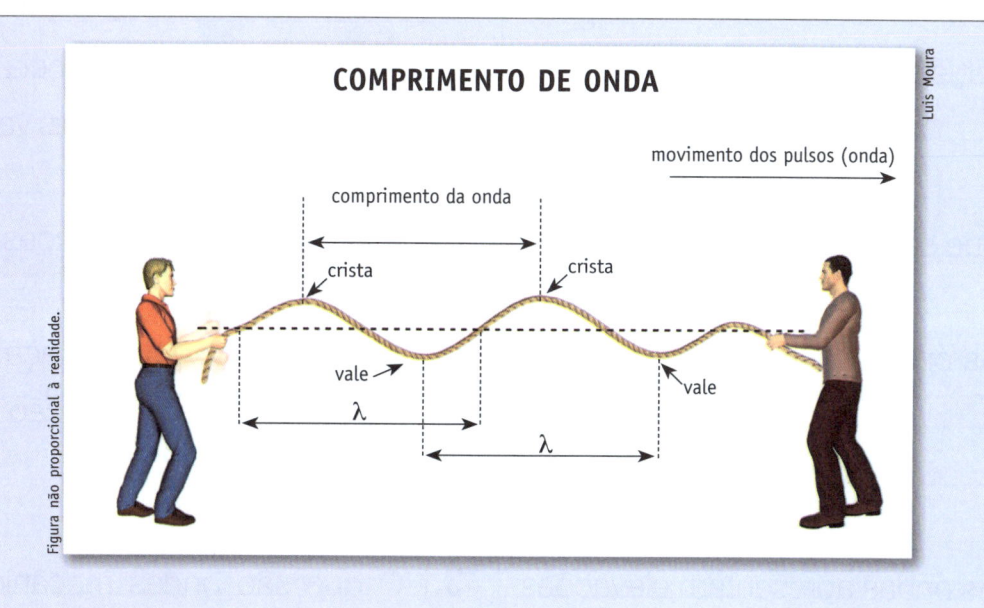

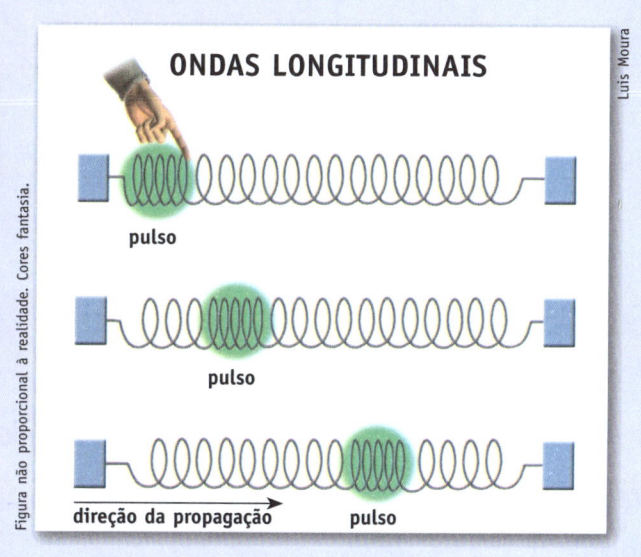

COMPRIMENTO DE ONDA

movimento dos pulsos (onda) →

comprimento da onda
crista
crista
vale
vale
λ
λ

Figura não proporcional à realidade.

ONDAS LONGITUDINAIS

pulso

pulso

direção da propagação   pulso

Figura não proporcional à realidade. Cores fantasia.

Período: tempo (em segundos) necessário para que se complete uma vibração. É o inverso da frequência:

$$T = \frac{1}{f}$$

Lembre que:

- As ondas não transportam matéria, mas transmitem energia.
- A 15 °C, as ondas sonoras propagam-se com a velocidade de 340 m/s no ar.
- A velocidade da luz no vácuo é de 300 000 km/s.

1. Complete as seguintes frases.

a) _____ é qualquer perturbação que se propaga num meio.

b) As ondas não transportam _____, mas propagam _____.

c) As ondas apresentam elevações ou _____ e depressões ou _____.

d) Chama-se _____ a distância entre duas cristas consecutivas.

e) Amplitude é a distância de uma crista ao _____ da onda.

2. Associe corretamente.

(A) onda transversal
(B) onda longitudinal
(C) frequência
(D) período
(E) comprimento de onda

(   ) a direção de vibração é a mesma que a de propagação
(   ) inverso da frequência
(   ) distância entre dois vales consecutivos
(   ) número de vibrações por segundo
(   ) a direção da vibração é perpendicular à direção de propagação

3. O que são ondas mecânicas? Dê um exemplo.

4. Responda:

a) Qual é a velocidade do som no ar a 15°C?

b) O som se propaga no vácuo?

5. Qual é a velocidade da luz no vácuo?

6. Observe os movimentos ondulatórios abaixo representados.

Figura não proporcional à realidade.

Agora, responda às seguintes questões:

a) Como se denomina o ponto **A**?

b) Como se denomina o ponto **B**?

c) Como se denomina a distância **AC**?

d) Em qual dos dois movimentos a amplitude é maior?

e) Qual é a frequência do movimento 1? E o período?

f) Qual é a frequência do movimento 2? E o período?

7. Por que, nos dias chuvosos, com descargas elétricas, primeiramente se enxergam os raios e depois se ouve o barulho das trovoadas?

ANOTAÇÕES

27. O som

Quando um corpo entra em vibração, provoca compressões e expansões no ar, produzindo **ondas sonoras**. Essas variações de pressão fazem com que os tímpanos, nas orelhas, vibrem com a mesma frequência das ondas sonoras, resultando na percepção do **som**.

O som propaga-se com maior velocidade nos sólidos do que nos líquidos e, nestes, com velocidade maior do que nos gases. Não se propaga no vácuo. A Acústica é a parte da Física que estuda o som.

Velocidade do som: varia com o meio ambiente e com a temperatura. No ar, a 15 °C, sua velocidade é 340 m/s.

Características fisiológicas do som
  a) **Altura**: pela qual se distinguem sons graves (de baixa frequência) de sons agudos (de alta frequência).
  b) **Intensidade**: pela qual se distinguem sons fortes (de grande amplitude) de sons fracos (de pequena amplitude).
  c) **Timbre**: distinção de sons de mesma frequência e mesma amplitude emitidos por fontes sonoras diferentes.

Reflexão do som: ao incidir num anteparo não poroso, o som retorna ao meio primitivo. Quando a distância entre a fonte sonora e o anteparo é igual ou maior do que 17 m, produz-se o **eco** (repetição do som). A reflexão é aplicada no aparelho sonar para detectar obstáculos no mar. Quando o anteparo é poroso, parte do som é absorvida, evitando o eco, como acontece nas paredes de muitos teatros.

Ressonância: dois corpos que vibram com a mesma frequência podem transmitir o som, de um para o outro, quando se encontram próximos.

Instrumentos musicais
- De **corda**: violão, violino, guitarra, harpa, cavaquinho etc.
- De **sopro**: trompete, trombone, clarinete, flauta, saxofone etc.
- De **percussão**: bumbo, pandeiro, prato, castanholas, berimbau, piano (cordas percutidas) etc.

Vozes humanas: baixo (mais grave), barítono, tenor, contralto, meio-soprano, soprano (mais aguda).

Limites da audição humana: de 20 Hz a 20 000 Hz. Menores que 20 Hz (infrassons); maiores que 20 000 Hz (ultrassons).

---

1. Complete as frases.

a) Quando um corpo entra em vibração, provoca compressões e expansões no ar, produzindo _____.

b) A parte da Física que estuda o _____ é a Acústica.

c) O som não se propaga no _____.

d) _____ é a característica pela qual distinguimos os sons

_____ (ou de baixa frequência) dos sons _____ (ou de alta frequência).

e) _____ é a característica pela qual se distinguem os sons fortes dos sons fracos.

f) _____ é a característica que permite distinguir dois sons de mesma altura e mesma intensidade emitidos por fontes sonoras diferentes.

2. Associe corretamente.
(A) eco
(B) ressonância
(C) ultrassons
(D) comprimento de onda
(E) infrassons

(   ) frequência abaixo de 20 Hz
(   ) distância entre duas regiões de compressão
(   ) repetição do som por reflexão
(   ) frequência acima de 20 000 Hz
(   ) um corpo vibra ao receber vibrações de outro corpo de mesma frequência

3. Assinale a alternativa correta.

a) A velocidade do som no ar é:
(   ) maior do que nos sólidos.
(   ) 340 m/s.
(   ) igual à velocidade no vácuo.
(   ) 300 000 km/s.

b) Contralto é a voz:
(   ) feminina mais grave.
(   ) feminina mais aguda.
(   ) masculina mais grave.
(   ) masculina mais aguda.

c) Nos auditórios, os construtores revestem as paredes com material poroso e não rígido para:
(   ) aumentar a intensidade sonora.
(   ) diminuir a absorção do som.
(   ) aumentar o timbre.
(   ) aumentar a absorção do som.

d) As vibrações de um corpo podem produzir vibrações em outro corpo que apresenta a mesma frequência. Tal fenômeno chama-se:

( ) eco.
( ) reverberação.
( ) ressonância.
( ) reflexão.

e) Os seres humanos detectam sons com frequência:
( ) maior que 20 000 Hz.
( ) igual a 30 000 Hz.
( ) entre 20 Hz e 20 000 Hz.
( ) menor que 20 Hz.

4. Um navio emitiu um sinal e, após 4 segundos, o som refletido foi captado. Qual a profundidade do mar onde esse barco estava navegando? Dado: velocidade do som na água do mar = 1 500 m/s.

5. Sublinhe os instrumentos de sopro.

> fagote   órgão   gongo
> violoncelo   gaita   oboé
> tambor   saxofone   harpa

6. Um espectador ouviu o eco de suas palavras 8 segundos depois de pronunciadas. A que distância ele estava do obstáculo?

7. De que depende a altura de um som?

8. Qual a relação entre amplitude e intensidade sonora?

9. O que é timbre de um som?

10. O que é ressonância?

11. Um sinal foi captado por um navio após uma emissão sonora na água do mar. Sabe-se que a profundidade do local é de 2 250 m e que a velocidade do som nessas águas é de 1 500 m/s. Quanto tempo o som demorou para ir e voltar?

Resposta:

28. Noções de Óptica – a reflexão da luz

Luz: energia que se propaga em forma de ondas eletromagnéticas, essenciais à sensação visual. A parte da Física que estuda a luz é a Óptica.

Os corpos quanto à luz podem ser:
  a) **Luminosos** ou **fontes luminosas** (com luz própria): estrelas, chamas, lâmpadas elétricas etc.
  b) **Iluminados** (sem luz própria): a Terra e a Lua refletem a luz que recebem do Sol.

Raio luminoso: qualquer direção de propagação da luz. Seu conjunto denomina-se **feixe luminoso** (paralelo, convergente, divergente).

Sombra: região sem luz projetada por uma fonte luminosa puntiforme (muito pequena), em razão da interposição de um corpo opaco, formando um cone de sombra.

Penumbra: região com sombra parcial projetada por uma fonte luminosa extensa, formando um cone de penumbra.

Princípios de propagação da luz
- A luz propaga-se no vácuo porque é um fenômeno produzido por ondas eletromagnéticas e não ondas mecânicas, como o som.
- A luz propaga-se em todas as direções em torno da fonte.
- A luz propaga-se em linha reta, nos meios homogêneos.

Fenômenos luminosos: ao passar de um meio para outro, a luz pode sofrer **reflexão**, **refração** e/ou **absorção**.

Reflexão: a luz incide numa superfície polida e volta ao meio primitivo. Quando a superfície é rugosa, a luz refletida é difusa. O raio incidente (a) e o raio refletido (b) formam com a normal (N perpendicular no ponto de incidência) ângulos iguais: $\hat{i} = \hat{r}$

REFLEXÃO REGULAR DA LUZ

Reflexão em espelho plano

Esquema da reflexão regular da luz

Figuras não proporcionais à realidade. Cores fantasia.

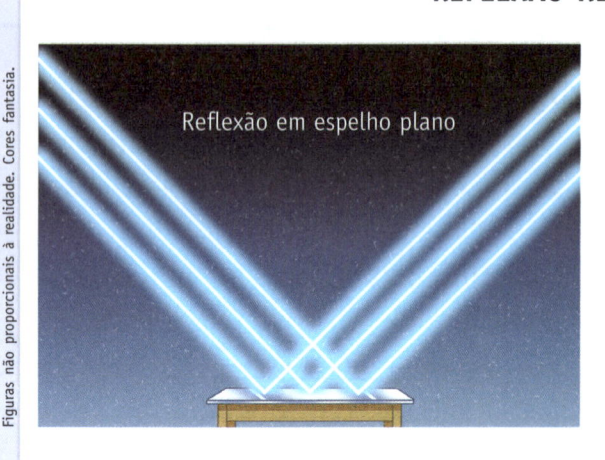

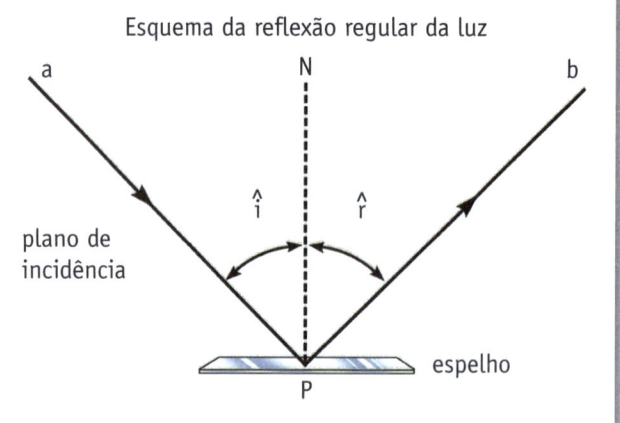

Cícero Soares

Tipos de espelhos
- **Planos:** formam imagens simétricas, de mesma distância e mesmo tamanho do objeto.
- **Curvos**
  - **esféricos**
    - **côncavos** (dos telescópios e holofotes): superfície interna refletora.
    - **convexos** (das lanternas): superfície externa refletora.
  - **parabólicos** (dos holofotes).

Elementos dos espelhos esféricos: C (centro de curvatura); **V** (vértice ou meio do espelho); **EP** (eixo principal: reta que une **C** e **V**); **F** (foco: ponto de convergência de raios luminosos paralelos ao EP, depois de refletidos).

ESPELHOS ESFÉRICOS

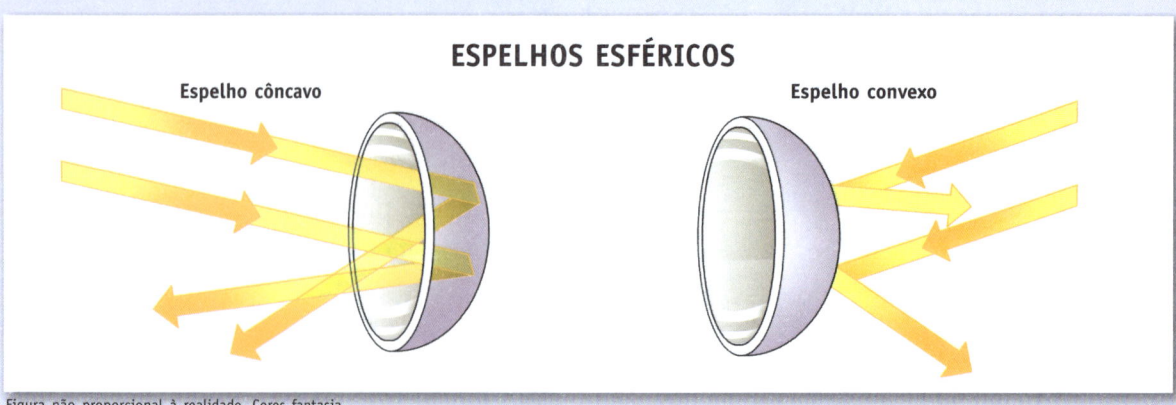

Espelho côncavo

Espelho convexo

Figura não proporcional à realidade. Cores fantasia.

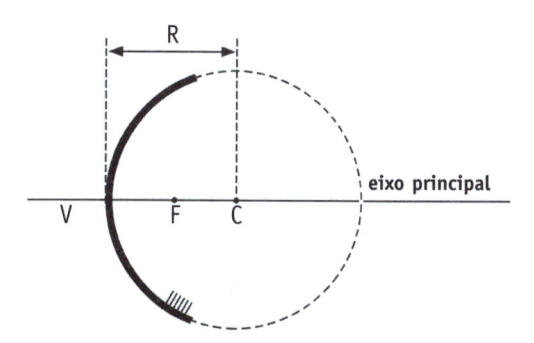

Espelho côncavo — ELEMENTOS GEOMÉTRICOS — **Espelho convexo**

C = centro de curvatura. Centro da esfera que contém o espelho.
R = raio de curvatura. Raio da esfera que contém o espelho.
V = vértice do espelho. É o centro geométrico do espelho.
F = foco principal. É o ponto para onde se dirigem os raios refletidos (ou seus prolongamentos).

Figuras não proporcionais à realidade.

Formação das imagens nos espelhos esféricos
- O raio luminoso paralelo ao eixo principal incide no espelho e volta, passando pelo foco, sob a forma de um raio refletido 1.
- O raio luminoso que passa pela extremidade do objeto e pelo centro de curvatura incide no espelho e volta, na mesma direção, sob a forma de um raio refletido 2.

O encontro dos raios 1 e 2 fornece a posição da extremidade da imagem, que pode ser maior ou menor que o objeto, direita ou invertida, e real ou virtual (quando se forma atrás do espelho).

Velocidade da luz no vácuo: 300 000 km/s.

1. Complete as frases.

a) A luz é um tipo de energia que se propaga sob a forma de on- das _____.

b) A velocidade da luz no vácuo é de _____.

c) _____ é a direção de propagação da luz.

d) Os corpos extensos e opacos, diante da luz, projetam num anteparo, além de uma _____, também uma _____.

2. Associe corretamente.

(A) reflexão
(B) raio luminoso
(C) opaco

( ) meio que impede a propagação da luz
( ) direção de propagação da luz
( ) a luz incide num anteparo polido e volta ao meio primitivo

95

3. Cite os três princípios de propagação da luz.

4. Em que a luz difere do som quanto à propagação?

5. Responda às seguintes questões.

a) O que é Óptica?

b) O que é luz?

c) O que é fonte luminosa? Dê exemplos.

d) O que é um corpo iluminado? Dê exemplos.

e) Quais são os fenômenos luminosos?

f) Quando se obtêm sombra e penumbra de um corpo?

6. Complete as seguintes frases.

a) _____ é o fenômeno pelo qual a luz incide numa superfície polida e volta para o meio primitivo.

b) _____ é o fenômeno pelo qual a luz incide numa superfície irregular e volta para o meio primitivo.

c) Na reflexão da luz, o raio incidente, o raio refletido e a normal estão _____.

d) Nos espelhos planos, as imagens são _____ aos objetos em relação ao tamanho e à distância.

e) Os espelhos esféricos podem ser _____ e _____.

7. Complete a figura abaixo.

8. Associe corretamente.

(A) espelho esférico côncavo
(B) espelho esférico convexo
(C) espelho parabólico
(D) espelhos planos angulares

(   ) várias imagens
(   ) usado em holofotes
(   ) superfície refletora interna
(   ) superfície refletora externa

9. Um objeto está situado além do centro de curvatura de um espelho esférico côncavo. Construa a imagem formada e dê suas características.

Resposta:

10. Um objeto está situado entre o centro e o foco de um espelho esférico côncavo. Construa a imagem formada e dê suas características.

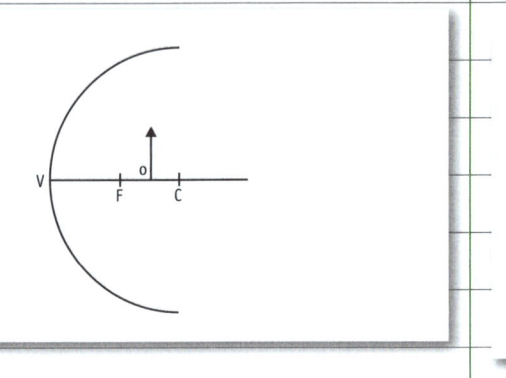

Resposta: _____

Resposta: _____

11. Um objeto está situado entre o foco e o vértice de um espelho côncavo. Construa a imagem formada e dê suas características.

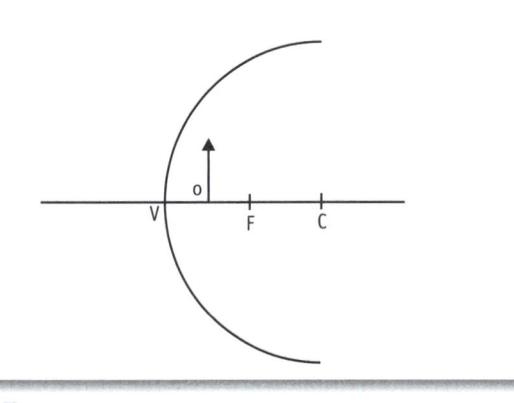

Resposta: _____

12. Um objeto está situado diante de um espelho esférico convexo. Construa a imagem formada e dê suas características.

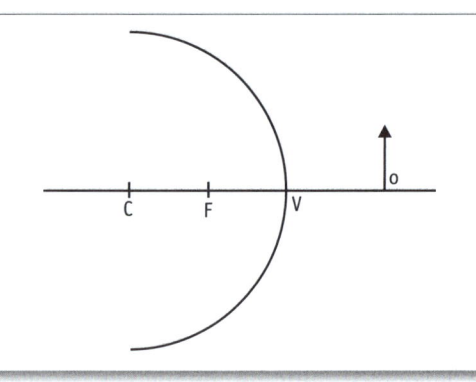

29. A refração da luz – as cores e a visão no ser humano

Refração: mudança da velocidade de propagação da luz quando atravessa a superfície de separação de dois meios transparentes de densidades diferentes. Quando o raio incidente é inclinado em relação à superfície, sofre um desvio.

Meios onde ocorre a refração: água, lâminas de faces paralelas, prismas e lentes.

Prismas: meios transparentes, de seção triangular, limitados por superfícies planas não paralelas, que decompõem a luz em radiações de cores diferentes: violeta, anil, azul, verde, amarelo, alaranjado e vermelho. Essa decomposição ocorre na natureza em gotículas de chuva, formando o arco-íris.

Lentes: meios transparentes limitados por duas superfícies e pelo menos uma delas é curva.

REFRAÇÃO DA LUZ

Refração da luz

Esquema gráfico da refração da luz

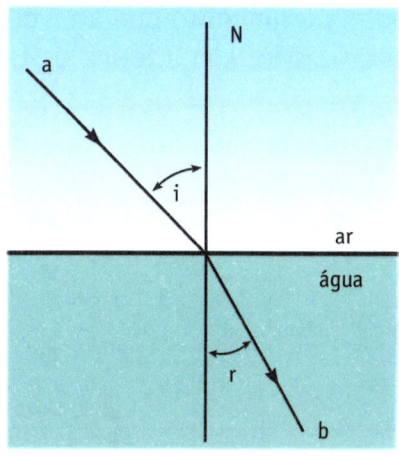

N = normal (perpendicular no ponto de incidência); a = raio incidente; i = ângulo de incidência; b = raio refratado; r = ângulo de refração

Tipos de lentes:

a) **Convergentes:** com as bordas delgadas (biconvexas, plano-convexas e côncavo--convexas).

b) **Divergentes:** com as bordas espessas (bicôncavas, plano-côncavas e convexo--côncavas).

Elementos das lentes: c.o. (centro óptico ou centro da lente); **F** (foco); **C** (centro de curvatura); **EP** (eixo principal).

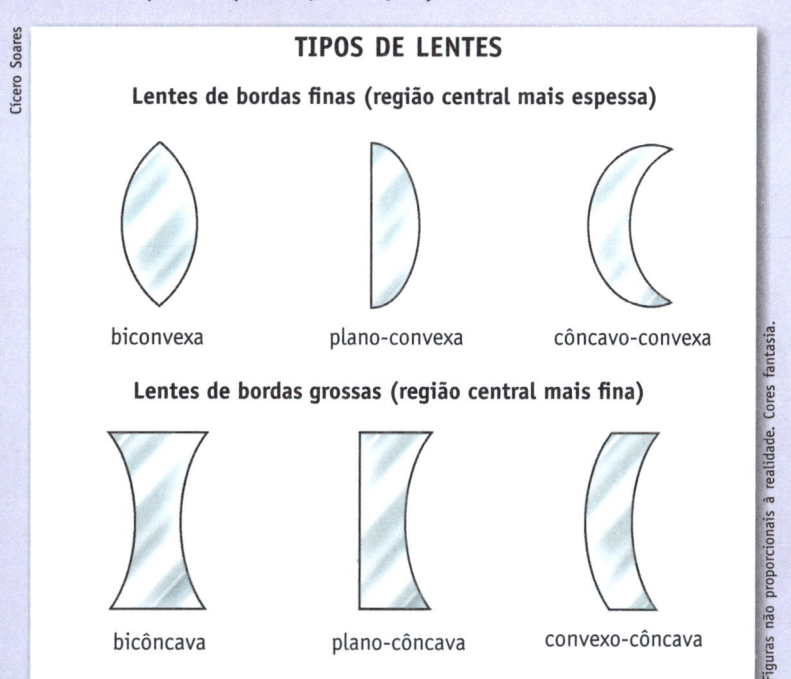

TIPOS DE LENTES

Lentes de bordas finas (região central mais espessa)

biconvexa — plano-convexa — côncavo-convexa

Lentes de bordas grossas (região central mais fina)

bicôncava — plano-côncava — convexo-côncava

Formação das imagens nas lentes

- Todo raio luminoso paralelo ao eixo principal (ou ao seu prolongamento), ao atravessar a lente, é desviado para o foco sob a forma de um raio refratado 1.
- Todo raio luminoso que atravessa a lente passando pelo centro óptico refrata, sem sofrer desvio, sob a forma de um raio refratado 2.
- O encontro dos raios 1 e 2 fornece a posição da extremidade da imagem, que pode ser real (formada atrás da lente) ou virtual, maior ou menor que o objeto, direita ou invertida.

FORMAÇÃO DAS IMAGENS

Lente convergente — eixo óptico

Os raios refletidos convergem para o foco.

Lente divergente — eixo óptico

Os raios refletivos afastam-se uns dos outros.

Olho hipermetrope

Correção do olho hipermetrope

Lente convergente

Olho míope

Correção do olho míope

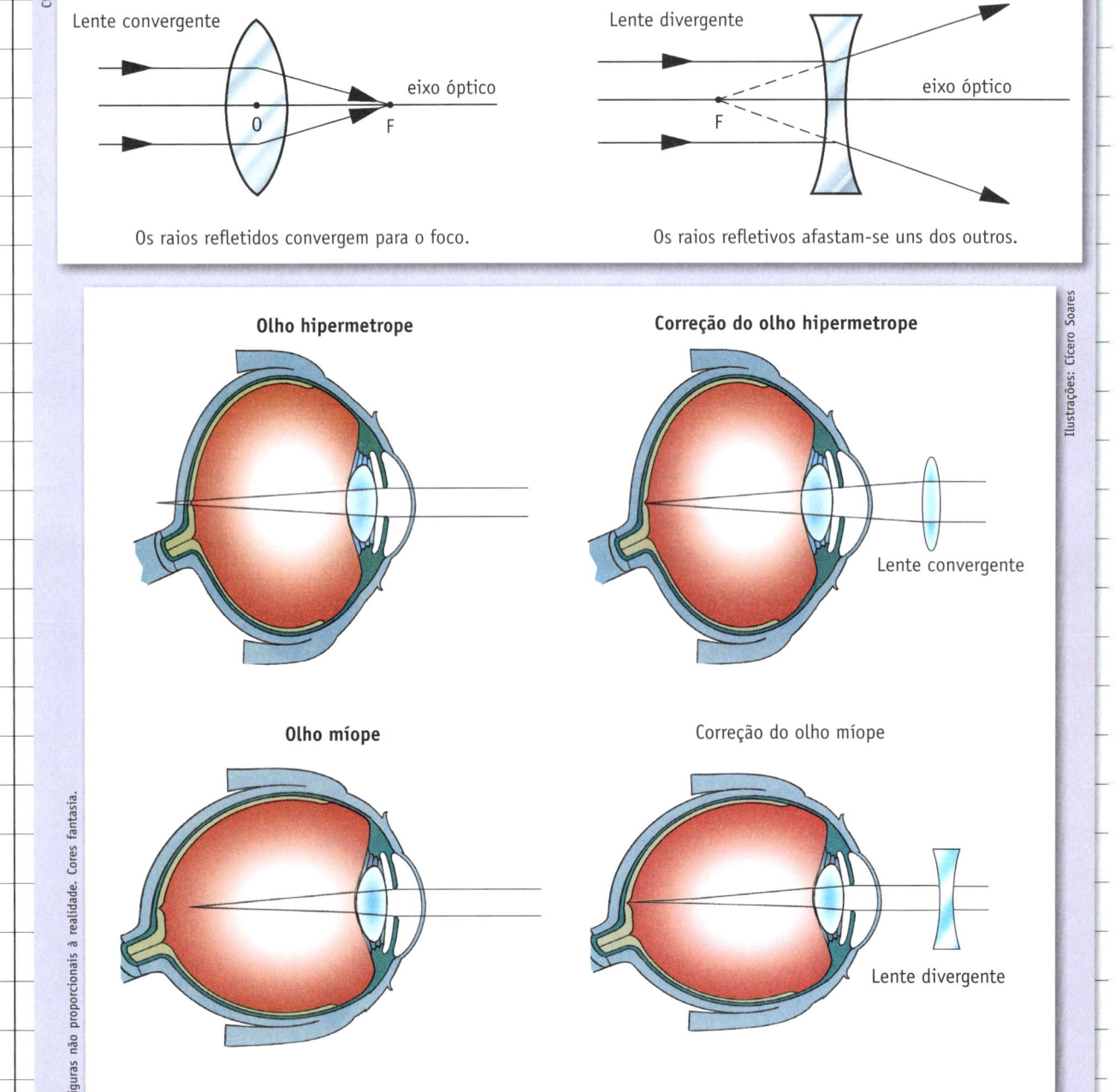

Lente divergente

Absorção da luz:
- Todo corpo reflete as radiações das cores que nele vemos.
- Os corpos brancos refletem todas as radiações da luz visível.
- Os corpos pretos absorvem todas as radiações da luz visível.

Lembre que:
- No indivíduo **hipermetrope**, a imagem dos objetos forma-se depois da retina. Ele enxerga mal de perto. A correção é feita por meio de lentes **convergentes**.
- No indivíduo **míope**, a imagem dos objetos forma-se antes da retina. Ele enxerga mal de longe. A correção é feita por meio de lentes **divergentes**.
- Essas disfunções ocorrem devido ao tamanho do globo ocular, menor na hipermetropia e mais alongado na miopia.

1. Complete as frases.

a) _____ é o fenômeno pelo qual um raio luminoso atravessa a superfície de separação de dois meios transparentes de densidades diferentes e muda sua velocidade.

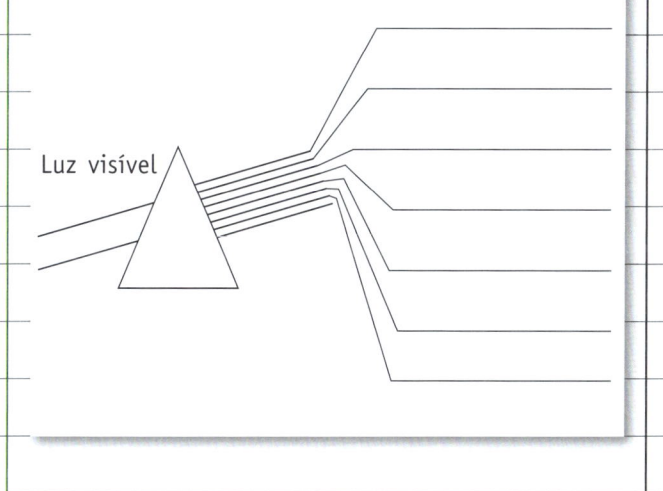

b) Quando a luz branca incide obliquamente sobre a face de um prisma, _____, formando radiações de cores diferentes.

c) Os corpos pretos absorvem _____ as radiações da luz visível.

d) Uma régua colocada obliquamente num copo com água dá-nos a impressão de estar quebrada, porque sofre o fenômeno da _____.

2. Complete a figura abaixo, colocando os nomes das cores das radiações que saem do prisma.

Luz visível

3. Complete o quadro abaixo.

OBJETOS QUE SOFREM REFRAÇÃO	COMO SÃO CONSTITUÍDOS
	meio transparente limitado por duas faces planas e paralelas.
	meio transparente, de seção triangular, limitado por superfícies planas e não paralelas.
	meio transparente limitado por duas superfícies, sendo pelo menos uma delas curva.

4. Responda.

a) O que é refração?

b) Que fenômeno ocorre quando a luz atravessa um prisma?

c) Como se reconhece, na prática, uma lente convergente e uma lente divergente?

d) O que acontece com um raio que atravessa a lente, passando pelo centro óptico?

e) O que acontece quando um raio paralelo ao eixo principal atravessa uma lente?

5. Classifique as lentes.

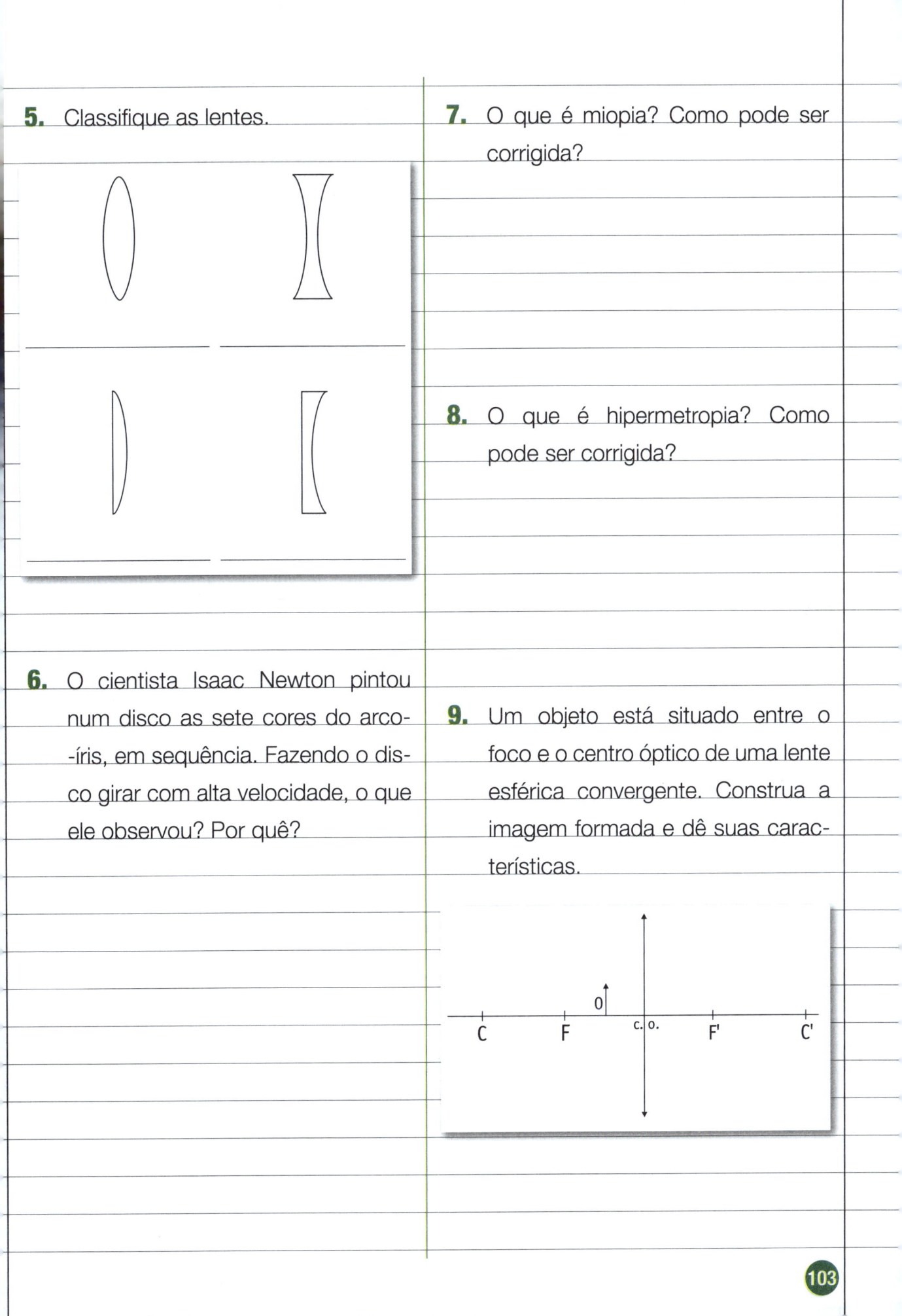

6. O cientista Isaac Newton pintou num disco as sete cores do arco-íris, em sequência. Fazendo o disco girar com alta velocidade, o que ele observou? Por quê?

7. O que é miopia? Como pode ser corrigida?

8. O que é hipermetropia? Como pode ser corrigida?

9. Um objeto está situado entre o foco e o centro óptico de uma lente esférica convergente. Construa a imagem formada e dê suas características.

10. Um objeto está situado além do centro de curvatura de uma lente esférica convergente. Construa a imagem formada e dê suas características.

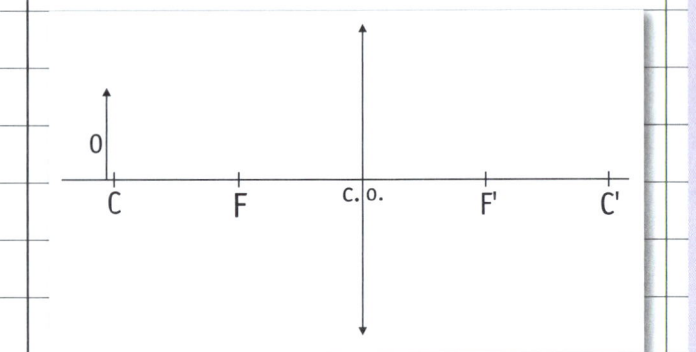

30. Os princípios do Magnetismo

Magnetismo: estudo das propriedades manifestadas pelos ímãs.

Ímã (magnetita): mineral capaz de atrair objetos de ferro, de níquel e de cobalto e certas ligas metálicas (aço, por exemplo). As propriedades magnéticas se manifestam com maior intensidade nas regiões denominadas **polos** do ímã: norte (N) e sul (S).

Lei da Atração e Repulsão Magnética
"Quando próximas entre si, as regiões polares de mesmo nome se repelem e as de nomes diferentes se atraem."

Campo magnético: região ao redor do ímã onde há ações magnéticas. Nessa região, existem linhas curvas fechadas (**linhas de força** do campo magnético).

FORÇA DE REPULSÃO
Quando aproximamos o polo norte de um ímã do polo norte de outro, eles se repelem.

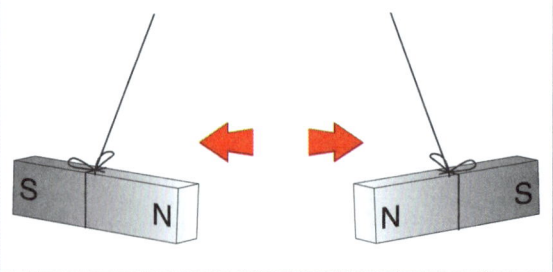

FORÇA DE ATRAÇÃO
Quando aproximamos o polo norte de um ímã do polo sul de outro, eles se atraem.

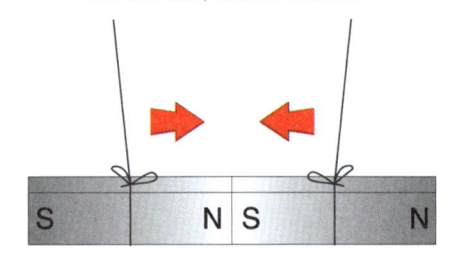

Figuras não proporcionais à realidade

Cortando um ímã, em cada fragmento surgem novas regiões polares.

Imantação (magnetização): processo pelo qual barras de ferro podem ser imantadas:
- por atrito com um ímã;
- em contato com um ímã.

A corrente elétrica, passando através de um condutor num único sentido, origina ações magnéticas (**eletroímãs**).

Ímãs
- **naturais**: conservam as propriedades magnéticas permanentemente.
- **artificiais**: possuem propriedades magnéticas temporariamente.

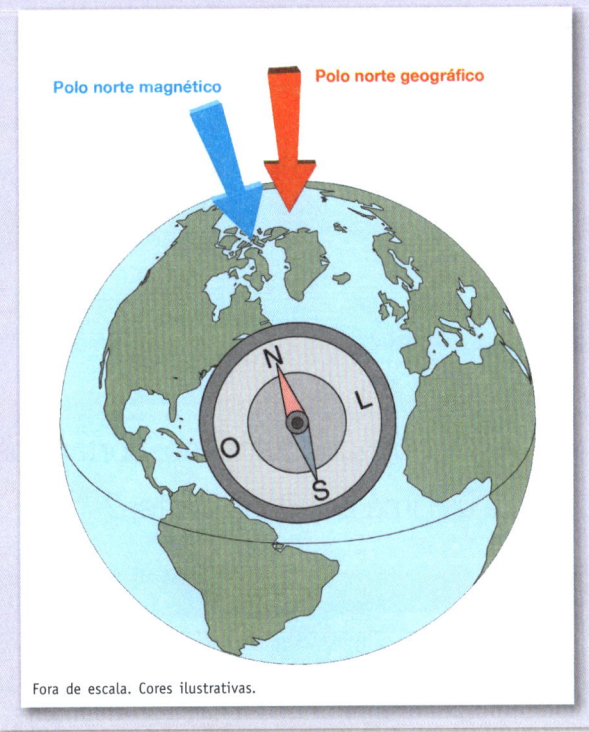

Polo norte magnético
Polo norte geográfico

Fora de escala. Cores ilustrativas.

Lembre que:
- O forte aquecimento faz o ímã perder as propriedades magnéticas.
- Nem todos os metais apresentam propriedades magnéticas como o chumbo.

1. Dois ímãs colocados próximos um do outro apresentam o comportamento:

a) S N → N S ← ( )

b) N S → S N ← ( )

c) S N ← S N → ( )

d) S N → S N ← ( )

2. Complete as afirmativas:

a) O _____ não apresenta propriedades magnéticas.

b) Os ímãs naturais correspondem à _____.

c) No campo magnético existem linhas curvas _____, linhas de força do campo magnético.

d) A imantação não é obtida pelo _____.

2. Assinale **certo** (C) ou **errado** (E) e justifique a(s) afirmativa(s) errada(s).

105

a) Os ímãs naturais perdem facilmente as propriedades magnéticas. ( )

b) Partindo um ímã em duas partes, obtemos um polo sul separado de um polo norte. ( )

c) Polos de mesmo nome repelem-se e polos de nomes diferentes atraem-se. ( )

d) Se um ímã for muito aquecido, pode perder suas propriedades magnéticas. ( )

Justificativa(s):

b) Os ímãs possuem propriedades magnéticas de intensidade uniforme em toda a sua extensão? Justifique sua resposta.

c) O que estabelece a Lei da Atração e Repulsão Magnética?

d) O que é campo magnético?

e) O que acontece se cortarmos um ímã em duas partes?

3. Responda.
a) O que é magnetismo?

f) O que é imantação? Como pode ser feita?

31. Noções básicas de Eletricidade

Eletricidade: propriedade que os corpos têm de, quando friccionados, provocar o deslocamento de elétrons dos átomos: um dos corpos ganha elétrons e o outro perde.

Os corpos podem ser:
- **Bons condutores** de eletricidade: metais, corpos de animais, água com impurezas, solo, ar úmido etc.
- **Maus condutores** de eletricidade: plástico, vidro, papel, lã, borracha etc.

Carga elétrica: quantidade de eletricidade (positiva ou negativa) contida nos átomos.

Eletrização dos corpos:
- por atrito;
- por contato;
- por aproximação ou indução.

Eletroscópio: aparelho que mostra se um corpo está ou não eletrizado.

Lembre que:
- Os corpos eletrizados com cargas elétricas iguais se repelem e aqueles com cargas elétricas diferentes se atraem.
- As cargas elétricas de mesmo sinal distribuem-se perifericamente nos corpos eletrizados, pois elas se repelem.
- Em corpos eletrizados pontiagudos, as cargas de mesmo sinal concentram-se nas pontas. É o princípio dos para-raios.

1. Complete as frases.

a) _____ é a propriedade que os corpos têm de, quando friccionados, provocar o deslocamento de elétrons dos átomos.

b) _____ é a quantidade de eletricidade contida nos átomos.

c) Um corpo é neutro quando o número de _____ de seus átomos é igual ao número de _____.

d) Há dois tipos de carga elétrica: _____ e _____.

e) Corpos com o mesmo tipo de carga elétrica _____; corpos com diferentes tipos de carga elétrica _____.

2. Cite três processos de eletrização.

3. Responda.

a) Como as cargas de mesmo sinal se distribuem nos corpos eletrizados?

b) Como estão distribuídas as cargas elétricas de mesmo sinal nos corpos eletrizados pontiagudos?

c) O que é para-raios?

d) O que são eletroscópios?

4. Assinale as figuras corretas. Justifique as alternativas erradas.

A ( )   B ( )   C ( )   D ( )

E ( )   F ( )   G ( )

Figura não proporcional à realidade.

Justificativa(s):

32. A corrente elétrica

Corrente elétrica: movimento ordenado de elétrons livres nos condutores ligados pelas extremidades a dois locais de potenciais elétricos diferentes ou em diferença de potencial (ddp).

ELÉTRONS DESORGANIZADOS

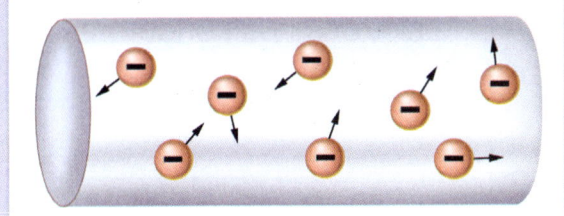

FLUXO ORGANIZADO DE ELÉTRONS

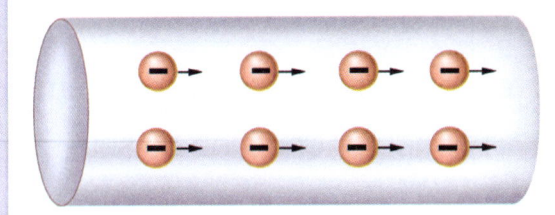

Intensidade da corrente elétrica: relação entre a quantidade de carga elétrica (ΔQ) que passa por uma seção transversal de um condutor e o tempo (Δt) gasto nessa passagem.

$$i = \frac{\Delta Q}{\Delta t} \qquad \text{ampère (A)} = \frac{\text{coulomb (C)}}{\text{segundo (s)}}$$

Geradores de corrente elétrica
a) **Químicos:** pilhas e baterias.
b) **Mecânicos:** alternadores de automóveis e usinas hidrelétricas.

Os geradores mantêm um fluxo contínuo de elétrons nos condutores.

Resistência elétrica: propriedade de um condutor que mede a oposição à passagem da corrente elétrica. É a razão entre a tensão elétrica ou ddp (U) entre os terminais de um condutor e a intensidade de corrente elétrica (i) que o atravessa.

$$R = \frac{U}{i} \qquad \text{ohm } (\Omega) = \frac{\text{volt (V)}}{\text{ampère (A)}}$$

A resistência elétrica de um fio condutor depende de seu comprimento e da área de sua seção transversal.

Resistores: materiais que oferecem resistência ao fluxo de elétrons.

Efeitos da corrente elétrica

1) **Térmico** (efeito joule): aplicado em chuveiros e torneiras elétricas, aquecedores, ferros de passar roupa etc.

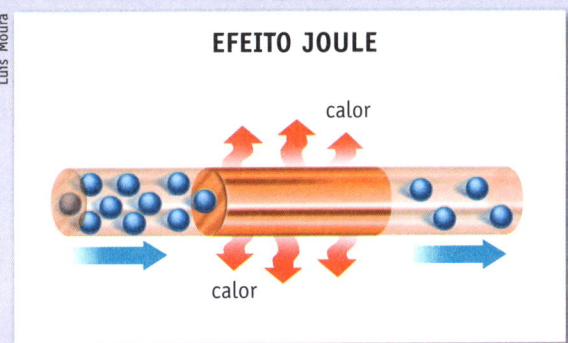

EFEITO JOULE

2) **Luminoso:** aplicado em lâmpadas.
3) **Fisiológico:** produz reações nervosas e musculares nos corpos dos animais (choque).
4) **Químico:** quando passa em solução de ácidos, bases e sais, provoca a decomposição das substâncias.
5) **Magnético:** quando flui num único sentido, provoca efeitos magnéticos nos condutores (eletroímã).

Tipos de corrente elétrica
- **Contínua:** quando flui num único sentido (gerada por pilhas e baterias de automóvel).
- **Alternada:** quando flui mudando de sentido periodicamente (fornecida por geradores das usinas hidrelétricas).

Lembre que:
- **Galvanômetro** é um instrumento que detecta a presença de corrente elétrica.
- A intensidade da corrente elétrica pode ser medida por um **amperímetro**.
- O **voltímetro** mede a tensão elétrica ou a ddp.
- **Eletroscópio** é um aparelho que indica a existência de cargas elétricas, ou seja, identifica se um corpo está eletrizado.
- **Gerador** é uma máquina que transforma energia mecânica em elétrica, produzindo uma corrente contínua ou alternada.

1. Complete as frases.

a) O movimento ordenado de elétrons livres através dos condutores denomina-se _____.

b) Intensidade da corrente elétrica num condutor é a relação entre a quantidade de _____ que passa por uma seção transversal desse condutor e o _____ gasto nessa passagem.

c) _____ são dispositivos que mantêm um fluxo contínuo de elétrons nos condutores.

d) _____ de um condutor é a razão entre a tensão elétrica entre seus terminais e a intensidade de corrente elétrica que o atravessa.

e) A resistência elétrica de um fio condutor depende de seu _____ e da _____.

2. Associe corretamente.

(A) ohm
(B) volt
(C) ampère
(D) coulomb
(E) alternada

(   ) corrente elétrica que flui mudando de sentido periodicamente

(   ) quantidade de carga elétrica
(   ) resistência elétrica
(   ) intensidade da corrente elétrica
(   ) diferença de potencial (tensão elétrica)

(   ) medida da intensidade da corrente elétrica
(   ) medida da diferença de potencial

3. Complete as seguintes fórmulas.

$$i = \frac{}{\Delta t} \quad 1A = \frac{}{1s} \quad R = \frac{U}{} \quad 1\Omega = \frac{}{1A}$$

4. Quais são os efeitos da corrente elétrica?

5. Associe corretamente.

(A) amperímetro
(B) voltímetro
(C) galvanômetro
(D) eletroscópio
(E) gerador

(   ) indicação da presença de corrente elétrica
(   ) manutenção de um fluxo contínuo de elétrons
(   ) indicação da existência de carga elétrica

6. Responda.

a) O que é corrente contínua? Como pode ser gerada?

b) O que são resistores?

c) O que são geradores? Como podem ser? Dê exemplos.

d) Para que serve o amperímetro? E o voltímetro?

7. A ddp entre os extremos de um condutor metálico é de 90 volts. Calcule a resistência do condutor, sabendo que é percorrido por uma corrente de 12 ampères.

8. Um condutor metálico é percorrido por uma corrente de 0,8 ampères. Calcule a ddp entre os seus extremos, sabendo que é de 70 ohms a resistência desse condutor.

9. Qual a quantidade de carga elétrica que passa pela seção transversal de um condutor durante duas horas, sabendo-se que a intensidade da corrente vale 3 ampères?

10. Calcule a diferença de potencial entre dois pontos de um condutor, sabendo que a intensidade da corrente é de 4,8 ampères e a resistência vale 0,6 ohms.

11. Uma resistência de 12 ohms apresenta, nos seus extremos, uma ddp de 60 volts. Qual será a intensidade da corrente que a percorre?

12. Entre os extremos de um condutor, há a ddp de 40 volts, sendo de 4 ampères a corrente que o percorre. Qual será a resistência do condutor?